# ELOGIOS A *SEMILLAS*

«En *Semillas de conflicto*, mi amigo Bryant Wright echa un vistazo al pasado lejano de los tiempos de Abraham para descubrir así una decisión que Abraham tomó en un momento crítico de su vida y la forma en que esta sentó las bases del conflicto actual en el Medio Oriente».

—Andy Stanley
Pastor principal de la North Point Community Church, Atlanta,
Georgia y autor de *La gracia de Dios*

«Como alguien que lleva años escuchando los sermones de Bryant Wright, soy testigo de su deseo de relacionar las enseñanzas bíblicas con nuestra situación contemporánea y sus raíces históricas. *Semillas de conflicto* sigue esa línea y analiza el actual conflicto árabe-israelí en el contexto de la historia de Medio Oriente y sus raíces en los sucesos del Antiguo Testamento. Bryant nos ayuda a ver que, pese a las apariencias, el mundo no está girando sin control sino cumpliendo lentamente el plan de Dios para las naciones; una historia apasionante que se desarrolla delante de nuestros propios ojos».

—William Lane Craig, doctor en Filosofía
Catedrático de investigación en Filosofía de la Escuela de Teología Talbot y autor de
*God Is Great, God Is Good*

«Con este libro, Bryant Wright nos brinda lo que muchos necesitamos desde hace tiempo: una guía para comprender el conflicto de Medio Oriente desde un punto de vista religioso en lugar de político. Se trata de una obra concisa, especializada e inspirada».

—Alton Brown
Estrella del canal Food Network, escritor, orador y conductor
del programa de TV *Good Eats*

«En estos días de crisis e inseguridad relacionadas generalmente con Medio Oriente, *Semillas de conflicto* nos ayuda a lidiar con los numerosos dilemas e interrogantes que surgen a medida que pasamos revista a los sucesos cotidianos. La claridad con la que Bryant enseña la Palabra de Dios, reflejada en la historia y los acontecimientos de nuestra época, nos abre los ojos a la verdad y nos da una mayor comprensión del significado y el origen bíblico de estos problemas. En medio de las guerras y los conflictos políticos que llenan los titulares de las noticias, sus palabras nos permiten entender mejor los propósitos y planes soberanos de Dios».

—Larry Nelson
Golfista del Salón de la Fama Internacional y ganador de tres importantes campeonatos de la Asociación de Profesionales de Golf

«El enfoque que da Bryant a esta temática complicada y, en ocasiones, explosiva es a la vez bíblico y racional. *Semillas de conflicto* está lleno de advertencias bíblicas para la vida cotidiana. Su lectura es una doble bendición».

—Michael Youssef, doctor en Filosofía
Fundador y presidente de Leading the Way y pastor fundador de la Church of the Apostles, Atlanta, Georgia

«Si alguna vez pareció existir una situación imposible de resolver desde el punto de vista humano, se trata de la secular crisis de Medio Oriente. Tal como alguna vez señaló conmovedoramente un estadista, algunos de los protagonistas de este drama "nunca se pierden la oportunidad de perderse una oportunidad". A diferencia de muchas de las personas que se ocupan de este tema en nuestros días, Bryant Wright echa luz sobre las raíces del conflicto y no meramente sobre su efecto. Dado que la Biblia revela que Jerusalén desempeña un papel muy importante en los últimos días, todo creyente debería interesarse en este tema y conocer las *Semillas de conflicto*. ¡Léelo y cosecharás!»

—O. S. Hawkins
Presidente y director ejecutivo de GuideStone Financial Resources

«Mi amigo Bryant Wright ha escrito un libro extremadamente interesante y que invita a la reflexión sobre uno de los problemas más grandes y difíciles de nuestra era: Medio Oriente. Tanto desde la perspectiva histórica y teológica como desde la escatología, esta obra ofrece un enfoque justo, equilibrado y conciso sobre esta volátil parte del mundo. Este libro es una lectura obligada para todos aquellos que deseen aprender sobre el pasado, el presente y el futuro del conflicto de Medio Oriente».

—James Merritt
Pastor principal de la Cross Pointe Church, Duluth, Georgia

«En mi viaje a Medio Oriente con Bryant y su esposa, fui testigo de la pasión de Bryant por ese territorio y de su amor por ese pueblo. Además, su concienzudo estudio de la Palabra de Dios y de la historia convierte a esta obra en lectura obligada para todo aquel que desee entender un conflicto mundial de actualidad desde la comprensión del pasado. En sus páginas, una verdad se pone de manifiesto de manera clara: no importa cómo parezcan las cosas, ¡Dios es rey!»

—Eleanor Lewis
Maestra, coautora de *The Amazing Collection: The Bible Book by Book*

«Bryant Wright toma uno de los temas más apremiantes de nuestra época y responde nuestras preguntas sobre el pasado, el presente y el futuro de Medio Oriente con claridad y autoridad bíblica. La lectura de este libro permite descubrir las causas del conflicto mundial más antiguo y relevante del mundo y también las soluciones de Dios al conflicto».

—Jack Graham
Pastor principal de la Prestonwood Baptist Church, Plano, Texas

«No importa cuánto deseemos que el conflicto no estalle, estallará de todas formas. Bryant Wright propone un claro enfoque bíblico para comprender el conflicto a la luz de las Escrituras. Una lectura obligada para todo cristiano informado».

—John R. Lincoln
Pastor de la Shandon Baptist Church, Columbia, Carolina del Sur

«Si tomas la Biblia en serio, te interesas por la historia y los sucesos de actualidad y tienes conocimiento, aunque sea remoto, de la crisis de Medio Oriente, no puedes dejar de leer *Semillas de conflicto*. Con esta obra clara, aguda e interesante, Bryant nos ha hecho un gran favor a todos».

—Randy Pope
Pastor de la Perimeter Church, Duluth, Georgia

«Como comunicador, Bryant Wright tiene el don de dejar las cosas claras como el agua. Mientras leía *Semillas de conflicto*, comprendí el conflicto de Medio Oriente como nunca antes, pero lo extraño es que terminé mi lectura con una gran sensación de paz».

—Regi Campbell
Autor de *Mentor Like Jesus* y *En los negocios de mi padre*

«Este libro le dará a todos los lectores un entendimiento agudo de un punto clave del mundo y de la historia, de cómo se llegó a esa situación y de adónde se dirige. Se trata de uno de los estudios más justos y mejor hechos sobre el conflicto de Medio Oriente que haya leído».

—Jim Henry
Ex presidente de la Convención Bautista del Sur

«Bryant Wright presenta un excelente enfoque sobre la inevitable crisis de Medio Oriente al tender puentes entre el pasado y el presente. Bryant nos ayuda a comprender una cuestión compleja y cada vez más importante para la comunidad internacional».

—David Uth
Pastor principal de la First Baptist Church, Orlando, Florida

«En *Semillas de conflicto*, mi amigo Bryant Wright establece de manera magistral los fundamentos bíblicos del conflicto pasado, presente y futuro en Medio Oriente. Se trata de un libro oportuno y agudo que le recomiendo a todos los pastores, líderes y estudiosos de la Biblia y los sucesos de actualidad».

—Dr. Ed Young
Pastor principal de la Second Baptist Church, Houston, Texas

«Cualquier pastor de una iglesia local puede convertirse en el teólogo más importante de Estados Unidos, y Bryant Wright es muestra de ello. Con la Biblia en una mano y un periódico en la otra, el pastor Wright analiza las conexiones de manera clara, aguda y enérgica».

—Dr. Chuck Kelley
Presidente del New Orleans Baptist Seminary

# SEMILLAS DE
# CONFLICTO

# SEMILLAS DE
# CONFLICTO

## LAS RAÍCES BÍBLICAS DE LA CRISIS INEVITABLE
### EN EL MEDIO ORIENTE

BRYANT WRIGHT

**GRUPO NELSON**
Una división de Thomas Nelson Publishers
*Desde 1798*

NASHVILLE   DALLAS   MÉXICO DF.   RÍO DE JANEIRO

© 2011 por Grupo Nelson®

Publicado en Nashville, Tennessee, Estados Unidos de América. Grupo Nelson, Inc. es una subsidiaria que pertenece completamente a Thomas Nelson, Inc. Grupo Nelson es una marca registrada de Thomas Nelson, Inc. www.gruponelson.com

Título en inglés: *Seeds of Turmoil*
© 2011 por Bryant Wright
Publicado por Thomas Nelson, Inc.

Todos los derechos reservados. Ninguna porción de este libro podrá ser reproducida, almacenada en algún sistema de recuperación, o transmitida en cualquier forma o por cualquier medio —mecánicos, fotocopias, grabación u otro— excepto por citas breves en revistas impresas, sin la autorización previa por escrito de la editorial.

A menos que se indique lo contrario, todos los textos bíblicos han sido tomados de la Santa Biblia, Versión Reina-Valera 1960 © 1960 por Sociedades Bíblicas en América Latina, © renovado 1988 por Sociedades Bíblicas Unidas. Usados con permiso. Reina-Valera 1960® es una marca registrada de la American Bible Society, y puede ser usada solamente bajo licencia.

Los mapas de Génesis 15 y Números 34 (capítulo 2): Ilustrados por Jonathan Rhoades. Usados con permiso.

Fotografía de "Ciudad de Jerusalén" (capítulo 11): Creada por Paul y Donna Hearn. Usada con permiso.
*Israel's Story in Maps* © 2002–2010 por Koret Communications (www.koret.com). Todos los derechos reservados.

Editora general: *Graciela Lelli*

Traducción: *Traductores en Red*
Adaptación del diseño al español: *Grupo Nivel Uno, Inc.*

ISBN: 978-1-60255-472-6

Impreso en Estados Unidos de América

11 12 13 14 15 HCI 9 8 7 6 5 4 3 2 1

*A Mati, cuyo amor por la tierra de Israel*
*impulsó mi pasión por este libro*

# CONTENIDO

# Agradecimientos

Escribir este libro ha sido una gran alegría, pero terminarlo fue un esfuerzo de equipo. Hay muchas personas a quienes debo agradecer:

Olivia Mahon, mi asistente ejecutiva, que dedicó incontables horas a teclear en la máquina y a ayudarme con mi investigación. Sin su ayuda, este libro no se habría terminado. Esta mujer verdaderamente hace todo lo que puede y más.

Danette Ramsey, que colaboró en las horas de investigación y mecanografiado.

John Herring, que leyó el manuscrito y colaboró con la guía de estudio.

Walt Kaiser, Archie England, Jeff Audirsch y Wink Thompson, cuyo consejo experto sobre este importante tema fue de gran ayuda.

Mi hijo, David Wright, que ayudó en la investigación.

Jonathan Rhoades y Reuven Koret, que proporcionaron los mapas.

Ken Tanner, que me ayudó a poner en orden mis ideas originales para el libro.

John Farish, Bob e Irene Sheridan, Pat y Alice Ann Battle, Brett y Trisha Stewart: cada uno sabe qué papel desempeñó.

Las excelentes personas de Thomas Nelson: Jack Countryman, que me propuso la idea de escribir un libro sobre una temática que me apasiona. Un agradecimiento a mi editora, Debbie Wickwire. Es maravilloso trabajar contigo. ¡Eres una gran asesora! Matt Baugher, Jennifer Stair, Kate Etue, Paula Major, Walter Petrie, Mandi Cofer y Rhonda Hogan: ¡gracias a todos!

Los excelentes amigos de Johnson Ferry, que me permitieron ser su pastor durante muchos años. Los mensajes y estudios bíblicos relacionados con el tema sentaron las bases de este libro.

Mi esposa, Anne, que leyó cada capítulo una y otra vez y me hizo comentarios muy útiles. Ella siempre es mi mayor inspiración.

# MINISTERIO DE ASUNTOS EXTERIORES DE ISRAEL
*La historia de Israel contada en mapas*

## Israel y sus alrededores

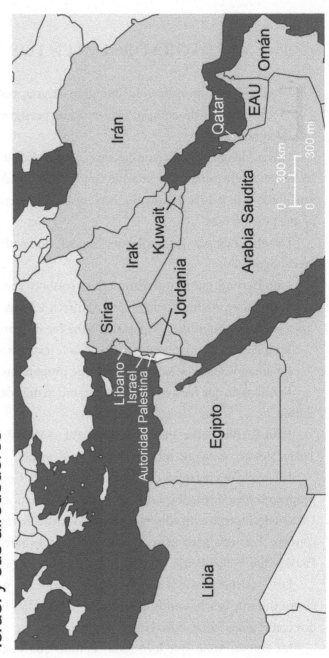

Libia

Egipto

Libano
Israel
Autoridad Palestina

Siria

Irak

Jordania

Kuwait

Irán

Qatar

EAU

Omán

Arabia Saudita

0   300 km
0   300 mi

# LAS RAÍCES BÍBLICAS
## DEL CONFLICTO EN EL MEDIO ORIENTE

Como pastor, muchas veces escucho la pregunta: «Bryant, ¿por qué no pueden llevarse bien las personas de Medio Oriente? Siempre están peleando por algo». En el curso de mis sermones sobre este tema, me sorprendió descubrir que la mayoría de las personas creen que el conflicto comenzó en 1948, cuando Israel volvió a ser una nación reconocida oficialmente. Incluso personas de la iglesia que han estudiado la Biblia suelen creer eso.

No hay duda de que 1948 fue el punto álgido que exacerbó la hostilidad en la región. Inmediatamente después de que se declaró nación a Israel el 14 de mayo de 1948, los líderes árabes de las naciones circundantes les dijeron a los árabes palestinos que abandonaran el territorio (cosa que muchos hicieron), ya que planeaban empujar a los judíos hacia el mar. En la guerra árabe-israelí de 1948, los judíos en Israel se vieron ampliamente superados por las naciones árabes de los alrededores: eran 600,000 contra 40 millones. Además, tenían armas primitivas. Desde una perspectiva humana, era una situación desesperada. Aun así, Israel sobrevivió de milagro.

Sin embargo, no fue ese el comienzo del conflicto en Medio Oriente. Este se remonta a miles de años, mucho antes de que los musulmanes conquistaran Jerusalén (638 A.D.), y también mucho antes de que los romanos destruyeran Jerusalén y arrasaran el templo en 70 A.D. para luego expulsar a los judíos de su propia tierra y cambiarle el nombre por Palestina. El conflicto llega hasta Abraham, el hombre mediante el cual Dios prometió construir una gran nación para el pueblo elegido.

Remontarse a Abraham, el padre de tres fes muy influyentes —el judaísmo, el cristianismo y el islamismo—, es la única forma de comprender la crisis inevitable en el Medio Oriente.

Muchos reconocen —y hasta veneran— a Abraham como un hombre de gran fe. Sin embargo, pese a su lealtad, Abraham cometió el enorme error de no confiar en Dios en un momento clave de su vida. En ese momento no pareció algo muy grave, pero ahora vemos las consecuencias del pecado de Abraham en Medio Oriente, prácticamente todos los días. De eso se trata este libro.

Las semillas del conflicto se iniciaron con Abraham.

# PRIMERA PARTE

# LOS CREADORES
# DEL CONFLICTO

# 1

## LA DECISIÓN DE UN HOMBRE
### Abraham

*Sarai mujer de Abram no le daba hijos; y ella tenía una sierva egipcia,*
*que se llamaba Agar.*

—GÉNESIS 16.1

¿Puede una sola decisión, tomada por una sola persona, alterar el curso de la historia del mundo para siempre? Esto parece improbable si nos basamos en la cantidad de decisiones que tomamos cada día, pero considera cuán diferente sería tu vida si hubieras tomado otras decisiones. El escritor y orador Zig Ziglar cuenta que una vez viajó en avión sentado junto a un hombre que tenía el anillo de bodas colocado en la mano incorrecta. Ziglar recuerda que le dijo: «Amigo, no pude evitar darme cuenta de que tienes la alianza en el dedo incorrecto». [El hombre] sonrió y respondió: «Sí, es que me casé con la mujer equivocada».[1] ¿Qué habría sucedido si te hubieras casado con otra persona o si no te hubieras casado?, ¿y si hubieras aceptado otro trabajo o estudiado en otra universidad? ¿En qué aspectos sería diferente tu vida?

Los aficionados a la historia suelen divertirse con un juego llamado «historia alternativa». Se han escrito libros enteros para analizar cuestiones como qué habría sucedido si los británicos hubieran ganado la Guerra de la Revolución, si los confederados hubieran salido victoriosos en la Batalla de Gettysburg o, una de mis preferidas, qué habría pasado si los musulmanes hubieran vencido en Tours en el año 732 A.D.

El 10 de octubre de 732, en Tours, Francia, después de que los musulmanes hubieran conquistado España, 80,000 soldados de caballería musulmanes atacaron a 30,000 soldados de infantería francos. Si hubieran ganado, habría una gran posibilidad de que Europa se hubiera vuelto abrumadoramente musulmana —lo que significa que lo mismo habría sucedido con Estados Unidos y América del Norte—. Nos habríamos criado rezando en mezquitas y no en iglesias. Sin duda, esto te dará en qué pensar a la luz de las luchas contemporáneas con el islamismo.[2] Cuando jugamos a la «historia alternativa», podemos ver cómo un suceso aparentemente menor puede desencadenar cientos de acontecimientos subsiguientes y llegar a cambiar la historia de la humanidad de manera drástica.

Los teólogos también hacen este tipo de especulaciones cuando se sumergen en lo que se denomina «ciencia media».[3] Como Dios lo sabe todo, también sabe cómo se habrían desarrollado los acontecimientos si el hombre hubiera tomado decisiones diferentes. Esto pone todo en el contexto de la soberanía de Dios. Pese a las malas decisiones del hombre, Dios sigue estando a cargo. Me siento tentado a jugar con las historias alternativas y la ciencia media cuando observo el actual conflicto en Medio Oriente —desencadenado porque un hombre tomó una decisión equivocada— y veo que la historia de esa región viene cosechando las semillas del conflicto desde entonces.

El hombre en cuestión es Abraham. Se lo reconoce como el padre de las tres fes más influyentes del mundo: el judaísmo, el cristianismo y el islamismo. Hace unos años, la revista *Time* presentó una nota de portada titulada «El legado de Abraham: musulmanes, cristianos y judíos lo reclaman como su padre». El periodista menciona un viaje en taxi en la ciudad de Nueva York en el que el conductor iba escuchando un grupo de música marroquí en la radio. El conductor le preguntó al periodista si quería saber qué decía la letra de la canción. Ante la respuesta afirmativa de su pasajero, el conductor tradujo: «Tenemos el mismo padre; ¿por qué nos tratas así?» Era una canción sobre Abraham llamada *Ismael e Isaac*.[4]

*Tenemos el mismo padre; ¿por qué nos tratas así?* Esta pregunta capta la esencia del conflicto que se remonta a unos cuatro mil años atrás, a una historia que puede encontrarse en el libro del Génesis.

## LA PROMESA DE DIOS

Ya habían pasado once años desde que Dios le había pedido a Abraham[5] que abandonara su tierra natal de Ur (actual Irak) y que se dirigiera a una tierra desconocida entonces llamada Canaán, una pequeña parte de la cual se conoce en nuestros días como el estado de Israel. Dios había prometido que crearía una gran nación a partir de Abraham y Sara:

> *Pero Jehová había dicho a Abram:*
> *«Vete de tu tierra*
> *y de tu parentela,*
> *y de la casa de tu padre,*
> *a la tierra que te mostraré.*
> *Y haré de ti una nación grande,*
> *y te bendeciré,*
> *y engrandeceré tu nombre,*
> *y serás bendición.*
> *Bendeciré a los que te bendijeren,*
> *y a los que te maldijeren maldeciré;*
> *y serán benditas en ti todas las familias de la tierra».*
> (Génesis 12.1-3)

Pero la promesa se volvió aun mejor: Dios dijo que los herederos de Abraham heredarían su magnífica tierra: «Y pasó Abram por aquella tierra hasta el lugar de Siquem, hasta el encino de More; y el cananeo estaba entonces en la tierra. Y apareció Jehová a Abram, y le dijo: "A tu descendencia daré esta tierra". Y edificó allí un altar a Jehová, quien le había aparecido» (Génesis 12.6-7).

Más de una década después de haber recibido esta promesa de Dios, Abraham comenzaba a desanimarse porque, para entonces, ya tenía ochenta y seis años. Para complicar aun más las cosas, su esposa Sara tenía setenta y seis años. Para el cumplimiento de la promesa de Dios en cuanto a una «nación grande» había una condición: un hijo. Sin hijo, no surgiría ninguna gran nación de la semilla de Abraham. De modo que tal vez es comprensible que Abraham tuviera algunas dudas sobre la promesa de Dios.

Nunca es sencillo esperar a Dios y a su perfecto sentido de la oportunidad. Tal vez conozcas a alguna mujer cristiana que quiere casarse y tener hijos y que está a punto de cumplir treinta años. El tictac de su reloj biológico es cada vez más fuerte. Sale con un buen muchacho; le agrada, pero, ¿es amor? No está muy segura. Está preocupada por la vida espiritual de él. Le gustaría casarse con un cristiano comprometido, pero él simplemente responde: «Mi fe en Dios es una cuestión personal y privada». Ella siente que no le queda mucho tiempo y se pregunta si, al casarse con él, lo ayudará a convertirse en un cristiano consagrado. Está cansada de esperar, y este parece ser el único hombre a mano. ¿Se quedará con su peor es nada o esperará lo mejor que tiene Dios para ella?

Esperar lo mejor que tiene Dios para nosotros nunca es fácil. Ese era el mismo dilema que tenían Abraham y Sara.

## LA DECISIÓN DE ABRAHAM

¿Cómo podía cumplir Dios su promesa de crear una gran nación por medio de Abraham y Sara cuando ambos ya estaban bastante lejos de sus años fértiles? Humanamente hablando, era imposible. Dios vio el desaliento de Abraham y se sintió movido a darle ánimos. Mira las maravillosas palabras que usó Dios para sosegar sus dudas: «Y [Dios] lo llevó fuera, y le dijo: "Mira ahora los cielos, y cuenta las estrellas, si las puedes contar". Y le dijo: "Así será tu descendencia"» (Génesis 15.5).

Sin lugar a dudas, semejantes palabras de la boca de Dios deberían de haber sido suficiente para asegurar la confianza de Abraham y hacer que se relajara un poco. Es posible que hayan tenido ese efecto por un momento. Pero la duda regresó y, como suele suceder cuando luchamos con alguna duda, la tentación se cruzó en el camino de Abraham. Génesis 16.1-2 describe lo que sucedió entonces: «Sarai mujer de Abram no le daba hijos; y ella tenía una sierva egipcia, que se llamaba Agar. Dijo entonces Sarai a Abram: "Ya ves que Jehová me ha hecho estéril; te ruego, pues, que te llegues a mi sierva; quizá tendré hijos de ella". Y atendió Abram al ruego de Sarai».

A Sara, la esposa de Abraham, se le había ocurrido una idea para ayudar a Dios mediante un proceso socialmente aceptado en esa cultura antigua para tener hijos: haría que Abraham se acostara con su sierva egipcia, Agar, y el hijo que así naciera sería el heredero legal mediante el cual Dios construiría una «gran nación». Era perfectamente lógico. Sarai ayudaría a Dios, ignorando que eso significaba no confiar en Él.

Detengámonos por un momento para comprender las costumbres culturales de la época. Sin lugar a dudas, si una mujer hiciera semejante propuesta a su esposo en nuestros días, no sería bien visto por la sociedad —y, probablemente, tampoco por la criada—. Pero en aquellos días, eso se consideraba admisible.[6] De hecho, en el antiguo Medio Oriente las parejas sin hijos tenían cuatro alternativas legales para tener descendencia: podían adoptar, el esposo podía tener un hijo con una segunda esposa, el esposo podía tener un hijo con una concubina, o la esposa podía ofrecer su sierva a su esposo como una especie de madre de alquiler. Tal vez creas que el alquiler de vientres es una idea moderna de la época contemporánea, junto con la inseminación artificial y la fertilización in vitro. No te engañes. Es posible que nuestros métodos científicos sean nuevos, pero la maternidad sustituta es tan antigua como Abraham.

Todo esto era legal y estaba culturalmente aceptado en esa época. Sin embargo, el solo hecho de que esta antigua costumbre fuera legal no significa que lo que hicieron Sara y Abraham estuviera bien. Dios no aprobaba esa solución. Nunca fue idea suya que el matrimonio fuera poligámico, su intención era que fuera entre un hombre y una mujer, y para siempre (Génesis 2.24). Pero hay algo más: Dios le había prometido a Abraham que construiría una gran nación a través de él *y de Sara*. Prometió que le daría *a ambos* el hijo del pacto. La idea de Sara de que Abraham se acostara con Agar era, simple y llanamente, contraria a la voluntad de Dios. Con ese acto en que instó a Abraham a que tomara cartas en el asunto, Sara demostró su desconfianza en Dios.

Imagino que Abraham quería complacer a su esposa. También quería ayudar a Dios y, sin lugar a dudas, le agradaba la idea de acostarse con esa jovencita con el beneplácito de su esposa.

De manera que cuando Sara le propuso ese plan de acción, Abraham probablemente le contestó algo como: «De acuerdo. Si te hace feliz... Quizá esto ayude a Dios a llevar a cabo su plan. Tienes una buena idea. Cuenta conmigo».

Abraham se acostó con Agar, y ella concibió.

De inmediato, comenzaron los problemas —problemas que siguen hasta nuestros días—. ¡Ah, qué interesante sería saber lo que la «ciencia media» de Dios nos revelaría sobre la situación actual de Medio Oriente si Abraham no hubiera cedido a la tentación!

## LA HISTORIA CAMBIA

Hasta ese momento, Agar había sido la leal sierva de Sara, pero ahora se estaba volviendo orgullosa. En seguida, Agar cambió su actitud hacia su ama. «Cuando [Agar] vio que había concebido, miraba con desprecio a su señora» (Génesis 16.4). Quizá esto se refiera a que sonreía con suficiencia cuando miraba a Sara. Tal vez se llevaba las manos a la barriga para señalar sutilmente que ella llevaba en su vientre al hijo de Abraham, cosa que Sara no podía hacer. Quizá le dijo cosas crueles o duras a Sara. Sea como fuere, comenzó a envanecerse, y surgió una gran tensión entre ambas mujeres. ¿Cómo respondió Sara a esa situación? «Entonces Sarai dijo a Abram: "Mi afrenta sea sobre ti; yo te di mi sierva por mujer, y viéndose encinta, me mira con desprecio; juzgue Jehová entre tú y yo"» (Génesis 16.5).

Sara se sentía infeliz cada vez que veía a Agar. El bebé que crecía en el vientre de su sierva representaba todo lo que le causaba tristeza en la vida. Sara había culpado a Dios por su infertilidad cuando tentó a Abraham con las palabras «Ya ves que Jehová me ha hecho estéril» (Génesis 16.2). En esa época, no había nada más deshonroso para una esposa que ser infértil, y Sara estaba resentida, por lo que se sentía fracasada. Esto dice mucho sobre su infelicidad y su ira. También estaba comprensiblemente indignada porque su sierva se le había puesto en contra. Entonces, ¿con quién se enojó? ¡Con Abraham, por supuesto! Culpó a Abraham por una idea que se le había ocurrido a ella. Abraham estaba en problemas, graves problemas.

Al igual que muchos esposos de nuestros días, al parecer Abraham no entendía a las mujeres. No había aprendido que, a veces, las esposas dicen cosas que en realidad no sienten y que cuando los esposos hacen las cosas que creen que harán felices a sus mujeres, ellas no están contentas. Quizá sea por eso que el padre del psicoanálisis, Sigmund Freud, escribió: «La gran cuestión... que no he sido capaz de responder a pesar de mis treinta años estudiando el alma femenina es qué quieren las mujeres».[7]

Este es un campo en el que los esposos solemos estar perdidos. De manera que es posible que Abraham, como hombre que era, estuviera confundido con todo aquello. Simplemente no podía comprender por qué Sara lo culpaba por una idea que había tenido ella. ¿Te imaginas a Abraham elevando las manos al cielo y diciendo «¡Como quieras!», en un gesto propio de Seinfeld? «¡Haz lo que quieras! No puedo creer que me culpes por esto».

Sara seguía enojada con Agar, lo que resultó en una pendencia. Agar estaba embarazada del bebé que Sara quería, de manera que Sara le hizo la vida imposible a su sierva encinta. Agar huyó al desierto completamente desesperada y se dirigió al sur, tal vez para regresar a su hogar, Egipto (Génesis 16.6). Su trayecto comenzó en el desierto; un viaje peligroso, si no imposible, sobre todo para una mujer embarazada.

Luego se le apareció el ángel del Señor (Génesis 16.7). Muchos estudiosos de la Biblia creen que el ángel era una teofanía, una aparición preencarnada de Jesucristo. No creas que Cristo comenzó con su nacimiento en Belén. Él siempre fue y siempre será.

Aquí vemos la misericordia, la compasión y la bondad de Dios con esa pobre esclava que había sido victimizada. Porque, después de todo, Sara era la tentadora, Abraham era el pecador, y Agar era sin lugar a dudas la víctima de esa situación. Sara y Abraham eran sus amos; ella no tenía otra opción que someterse a su voluntad.

De modo que el ángel del Señor se presentó ante Agar para recordarnos su amor y compasión. Si bien el plan de Sarai no era la voluntad de Dios, Dios fue extremadamente misericordioso con Agar, del mismo modo en que lo es con todos aquellos que son victimizados por los poderosos. El ángel le preguntó: «¿De dónde vienes tú, y a dónde vas?» (Génesis 16.8). Agar contestó: «Huyo de delante de Sarai mi señora». Entonces, el Señor le dio una orden: «Vuélvete a tu señora, y ponte sumisa bajo su mano» (versículo 9). Eso no era lo que Agar quería escuchar, pero seguramente sabía que era la única forma en que ella y su bebé por nacer sobrevivirían.

Si alguna vez vieras la región desértica donde se encontraba, te preguntarías cómo podría sobrevivir alguien allí más que unos pocos días. Pero esa fue una muestra de la compasión de Dios. Agar necesitaba a Sara; también necesitaba a Abraham. Si quería vivir, debía regresar.

Luego, el ángel profetizó: «Oye: Dios será misericordioso contigo. Multiplicará tanto tu descendencia, que no podrá ser contada a causa de la multitud. Y, además de eso, darás a luz un hijo y lo llamarás "Ismael", porque yo, Jehová, he oído tu oración en un momento de gran aflicción y necesidad» (Génesis 16.10-11; paráfrasis del autor).

La profecía continuó. Si bien la versión Reina Valera 1960 dice: «Él será hombre fiero» (traducción que me agrada), una traducción más literal del hebreo sería: «Será como un burro salvaje» (v. 12). En otras palabras, tendrá un espíritu libre y errante, como un burro salvaje en el desierto. No se trataba de una crítica, sino de una descripción del carácter indomable que desarrollaría Ismael. Pero eso no era todo. El resto de Génesis 16.12 declara:

> *Su mano será contra todos,*
> *y la mano de todos contra él,*
> *y delante de todos sus hermanos habitará.*

Una vez más, debemos echarle un vistazo a la versión original en hebreo. El significado textual es «Vivirá *a despecho de* sus hermanos». Estas palabras se vuelven más significativas a medida que seguimos los actos de la descendencia de Ismael.

Agar regresó, y me imagino que compartió la increíble historia de lo que le había sucedido con Abraham y Sara. Abraham y Agar obedecieron la palabra del Señor y llamaron Ismael a su hijo.

¿Qué tiene que ver esto contigo? ¿Qué tiene que ver esto con Medio Oriente? ¿Qué tiene que ver con el mundo actual? No pierdas detalle. Si quieres entender el mundo en el que vivimos, necesitas comprender lo que sucedió entonces.

## El cumplimiento de la promesa de Dios

Dios se presentó ante Abraham unos catorce años más tarde. En ese entonces, tenía noventa y nueve años. Abraham y Sara seguían sin tener hijos, y el hijo de Agar, Ismael, tenía trece años. Dios reiteró la promesa que le había hecho a Abraham años atrás: construiría una gran nación a través de la semilla de Abraham, a través de su heredero, su hijo *del pacto*. Dios le dijo a Abraham: «Y la bendeciré [a Sara], y también te daré de ella hijo; sí, la bendeciré, y vendrá a ser madre de naciones; reyes de pueblos vendrán de ella» (Génesis 17.16).

¿Cómo respondió Abraham a la promesa de Dios? «Se postró sobre su rostro, y se rió, y dijo en su corazón: "¿A hombre de cien años ha de nacer hijo? ¿Y Sara, ya de noventa años, ha de concebir?"» (v. 17).

Abraham era un hombre racional. Su reacción fue sincera, pero también demostró una grave falta de fe. Se rió de Dios. Eso no era bueno. Del mismo modo, tampoco es una buena idea que nos riamos burlonamente de la fiabilidad de las promesas de Dios escritas en su palabra. Pero Dios fue paciente con Abraham cuando este le dijo: «¡Ojalá Ismael viva delante de ti!» (v. 18). Fue como si le hubiera dicho a Dios: «Sí, Dios, por supuesto. Debes de estar hablando de Ismael, mi hijo adolescente, mi único hijo. Seguramente estás hablando de Ismael, Dios». Pero Dios dijo: «Ciertamente Sara tu mujer te dará a luz un hijo, y llamarás su nombre Isaac; y confirmaré mi pacto con él como pacto perpetuo para sus descendientes después de él» (v. 19).

En otras palabras, los planes de Dios seguían en pie.

## LA PROFECÍA DE DIOS SOBRE ISMAEL

Dios continuó: «Y en cuanto a Ismael, también te he oído; he aquí que le bendeciré, y le haré fructificar y multiplicar mucho en gran manera; doce príncipes engendrará, y haré de él una gran nación. Mas yo estableceré mi pacto con Isaac, el que Sara te dará a luz por este tiempo el año que viene» (Génesis 17.20-21). Dios dejó claro que bendeciría a Abraham y Sara con un hijo para cumplir su plan y su promesa. También dejó claro que, por su gracia, bendeciría a Ismael, aun cuando Ismael no era el hijo del pacto.

En Génesis 25.12-18, vemos el cumplimiento de la promesa de Dios y encontramos otra cosa interesante: más información sobre los herederos de Ismael: «Y éstos fueron los años de la vida de Ismael, ciento treinta y siete años; y exhaló el espíritu Ismael, y murió, y fue unido a su pueblo. Y habitaron desde Havila hasta Shur, que está enfrente de Egipto viniendo a Asiria; y murió en presencia de todos sus hermanos» (vv. 17-18). Los descendientes de Ismael se establecieron en el territorio comprendido entre

Havila (actualmente, Arabia) y Shur, al este de Egipto en dirección hacia Asiria (norte de Irak).[8]

Los herederos de Ismael se establecieron en esta región «pese a todos sus parientes». ¿De qué región se trata? Es la península arábiga, que comprende Arabia Saudita, Yemen, Omán, Kuwait, Qatar, Emiratos Árabes Unidos, partes de Jordania y Siria y el sudoeste de Irak, al sur del valle de los ríos Tigris y Éufrates.[9] Al parecer, los herederos de Ismael se concentraron en el centro y el norte de Arabia.[10] Hombres salvajes, indomables. «Su mano será contra todos, y la mano de todos contra él» (Génesis 16.12). Eso fue lo que profetizó Dios.

Pero eso no es todo. Resulta interesante que el historiador del siglo I, Josefo, fuera uno de los primeros hombres en llamar «árabes» a los descendientes de Ismael.[11] ¿Por qué los llamó así? Porque residían principalmente en la península arábiga.

## LAS RAÍCES DEL ISLAMISMO

Avancemos rápidamente cientos y cientos de años hasta 570 A.D. en la actual Arabia Saudita, año en que nació un descendiente de Ismael llamado Mahoma.

Cuando Mahoma tenía cuarenta años, afirmó haber tenido una visión de Dios y llamó a sus hermanos árabes a pasar del politeísmo al monoteísmo y adorar a un dios llamado Alá. Aquí hay algo que puede causar sorpresa: originalmente, Mahoma no creía haber fundado una nueva religión. Al contrario, consideraba que su función era dar cumplimiento o purificar el Antiguo y el Nuevo Testamento del judaísmo y el cristianismo. Pero cuando los judíos y los cristianos rechazaron sus falsas enseñanzas, Mahoma se volvió contra ellos.

El islamismo es la perfecta enseñanza falsa a adoptar por el pueblo árabe para cumplir la profecía que Dios le hizo a Agar. Recordemos que Dios le dijo a Agar que «su hijo sería como un burro salvaje», un hombre salvaje en el desierto que residiría en la península arábiga, y que su

mano sería contra todos, y la mano de todos contra él. El Corán no solamente ordena a los musulmanes «matar a los infieles» (Sura 9.5), sino que
incluso entre los propios musulmanes hay gran hostilidad hasta el día de
hoy (piensa en el conflicto entre chiitas y sunitas, el que se analizará en el
capítulo 10).

¿Comienzas a comprender? Si Abraham hubiera esperado a Dios,
confiado en Él y obedecido su voluntad, no existirían ni Ismael ni el arrai-
gado conflicto que vemos hoy en el Medio Oriente. Todo se remonta a una
sola decisión tomada por un hombre. Es probable que en su momento
no pareciera algo tan serio; Abraham simplemente estaba siguiendo las
costumbres aceptadas de la época. Pero su decisión de acostarse con Agar
fue un pecado —falta de confianza en Dios—, y el pecado siempre tiene
consecuencias negativas.

Pero Dios es compasivo. Es misericordioso. Lo vemos en sus acciones
con Agar e Ismael. También vemos su lealtad al mantener su promesa
a Abraham y Sara. Pero Dios no elimina las consecuencias negativas de
nuestro pecado. Las noticias sobre el Medio Oriente nos recuerdan prácticamente a diario el pecado de Abraham y cuán duraderas pueden ser las
consecuencias negativas del pecado.

# 2

## HEREDAD PERPETUA
### La Tierra Santa

*Y apareció Jehová a Abram, y le dijo: «A tu descendencia daré esta tierra».*
*Y edificó allí un altar a Jehová, quien le había aparecido.*

—GÉNESIS 12.7

Ya exploramos la forma en que el conflicto de Medio Oriente se remonta a la decisión de un hombre, pero ¿a qué se debe la controversia sobre el territorio? Las noticias nos recuerdan a diario la disputa sobre quién tiene derecho a la región comúnmente llamada «Tierra Santa». Las disputas más candentes están relacionadas con Cisjordania, los Altos del Golán, la Franja de Gaza y los barrios judío y musulmán en Jerusalén. ¿Qué sucede con estos territorios que son parte central del conflicto?

Comparación del tamaño de Israel
y Estados Unidos

© 2003 Koret Communications Ltd. www.koret.com

La nación de Israel está ubicada en el centro de la Tierra Santa. Como se puede apreciar en el mapa, se trata de un pequeño territorio de aproximadamente el tamaño de Nueva Jersey, donde viven unos 6 millones de judíos rodeados por alrededor de 400 millones de árabes musulmanes. La primera pregunta que podría surgir entonces es: si esta es la tierra de sus ancestros, ¿por qué no tiene derecho a ella el pueblo judío? Recordarás que Dios claramente le prometió esta tierra a los herederos de Abraham: «A tu descendencia daré esta tierra» (Génesis 12.7).

Un rápido repaso histórico nos ayudará a comprender mejor la situación actual.

## EL ORIGEN DE PALESTINA

«De todos los textos considerados sagrados por las religiones del mundo, solo la Biblia presenta un mensaje relacionado con la geografía».[1] Estoy seguro de que esta es la razón por la cual me siento tan a gusto cada vez que visito Tierra Santa. En Atlanta no hay nada que se le parezca. Adonde quiera que vayamos, encontramos sitios geográficos descritos en la Biblia. El pueblo judío comenzó a reclamar este territorio con Josué, el sucesor de Moisés, más de cuatrocientos años después de la época de Abraham. El libro de Josué describe este proceso, el que tuvo lugar entre 1250 y 1200 A.C. Más adelante, alrededor del año 1000 A.C., bajo la soberanía del rey David, Israel conquistó a los jebuseos y reclamó Jerusalén como capital de Israel. Esto se describe en 2 Samuel 5.6-10.

En el año 70 de nuestra era, el Imperio Romano se cansó del resentimiento y las revueltas de los judíos contra la soberanía romana y saqueó Jerusalén. Los romanos comenzaron a dispersar a los judíos de su tierra. En 135 A.D., en otra revuelta —esta vez, definitiva— todos los judíos fueron completamente expulsados de Israel.

Para restregar sal en la herida, los romanos eligieron el nombre Palestina, derivado del latín *Philistine* [filisteo] —eternos enemigos del antiguo Israel, cuyo baluarte estaba en Gaza (la hoy llamada «Franja de Gaza»)—, para rebautizar la tierra de Israel. Resulta interesante notar que la palabra *Palestina* no aparece en la Biblia, por la sencilla razón de que no existía. Es posible que creas haberla visto, pero no está; solo figura en algunos mapas hechos por el hombre. Como «Palestina» deriva del latín *Philistine*, Yasser Arafat y el movimiento Organización para la Liberación de Palestina (OLP) afirmaron ser los herederos actuales de los filisteos y, por lo tanto, tener derecho a esa tierra desde mucho antes que los judíos. Los historiadores serios consideran que eso es, cuando menos, dudoso. De cualquier modo, ya hablaré de Arafat y la OLP más adelante.

Siendo que esta es una región tan árida y desértica, te preguntarás para qué querrían ese territorio los romanos. Lo querían por las mismas razones que todos los grandes imperios de la antigüedad: por su situación estratégica. Era el principal corredor de la ruta comercial entre tres grandes continentes: África, Asia y Europa; un puente sagrado si se quiere, un puente terrestre.[2] En el mundo antiguo, cuando alguien quería viajar a Europa o Asia desde África, debía bordear el mar Mediterráneo: hacia el este para ir a Asia, y hacia el noroeste para llegar a Europa. Palestina era el centro del mundo.

## LA DOMINACIÓN MUSULMANA DEL TERRITORIO

La porción occidental del Imperio Romano, con sede en Roma, cayó en 476 A.D. La porción oriental, cuyo centro era Constantinopla (actualmente Estambul, Turquía), duró mil años más, hasta 1453. Después de la caída de la porción occidental del imperio de los romanos, el territorio conocido como Palestina se convirtió prácticamente en un páramo, si bien Jerusalén seguía causando fascinación debido a su interés religioso e histórico. La conquista musulmana del año 638 de nuestra era surgió en esta tierra de nadie.

Del mismo modo que sucedió con el cristianismo en el siglo primero, el islamismo se expandió como reguero de pólvora a través de Medio Oriente y el norte de África. A diferencia del cristianismo, que promueve la conversión mediante la fe en el evangelio de Cristo, el islamismo cree en la conversión por medio de la conquista, por medio del poder —poder militar incluido—. *Islamismo* quiere decir «sumisión», sumisión a Alá, y se espera que las personas bajo soberanía musulmana se sometan. De ser necesario, esto se logra mediante la coerción o el uso de la fuerza. Los musulmanes árabes y turcos gobernaron la región hasta la Primera Guerra Mundial, cuando los turcos otomanos entregaron el control de Palestina a los británicos. Más adelante profundizaré en este tema.

## El movimiento sionista

A comienzos de la década de 1880, algunos intelectuales judíos asentados en Europa comenzaron a reclamar una tierra propia, una nación judía, conscientes de que siempre sufrirían antisemitismo y discriminación en Europa y Rusia. En 1894, un judío oficial del ejército francés, el capitán Alfred Dreyfus, fue acusado de vender secretos a Alemania. No había prueba de eso, pero una corte marcial lo sentenció a prisión perpetua en la Isla del Diablo, en la Guayana Francesa. Muchos franceses sencillamente creían que un judío no podía ser a la vez un francés leal.

Un periodista judío austríaco de nombre Theodor Herzl fue testigo de todo eso y quedó convencido de que los judíos nunca encontrarían un hogar en las sociedades no judías. Como resultado, se convirtió en el visionario de lo que se dio en llamar «movimiento sionista», que tenía el objetivo de reivindicar una nación judía en la tierra de sus ancestros, el territorio llamado Palestina. Antes que la religión, la principal motivación de Herzl era su identidad étnica judía y la oportunidad económica. Para muchos judíos intelectuales de Europa, la religión era más una tradición —una parte de su legado étnico— que una realidad personal. En este sentido, Herzl era como muchos de los judíos estadounidenses de hoy en las ramas reformistas y, en algunos casos, conservadoras, del judaísmo de Estados Unidos.

Herzl y su creciente movimiento sionista consideraban que el idioma hebreo debía revivirse más allá de su uso por parte de los rabinos judíos y la memorización de algunas palabras para los *bar mitzvahs*. Creía que la cultura judía debía enseñarse con la esperanza de fundar una nación judía. (Dicho sea de paso, *Sion* es el nombre poético que se le da a la Tierra Santa en hebreo.)

Herzl organizó el primer Congreso Sionista en Basilea, Suiza, en 1897. A medida que el movimiento crecía, algunos valientes pioneros judíos se instalaron en tierra palestina, donde prácticamente no había nada, tanto en términos de población como de recursos naturales. Pero los judíos sionistas creían que el pueblo judío nunca estaría seguro en tanto no tuviera su propio territorio, su propia nación. No olvides que el sionismo está más relacionado con la tierra que con la religión judía; la religión, y su tradición, son solo un componente más del movimiento.

## LOS BRITÁNICOS Y LA DECLARACIÓN BALFOUR

Después de la Primera Guerra Mundial, con Palestina bajo la órbita de Gran Bretaña, Arthur James Balfour publicó la Declaración Balfour de 1917. Según un fragmento de esta: «El gobierno de Su Majestad contempla favorablemente el establecimiento en Palestina de un hogar nacional para el pueblo judío y hará uso de sus mejores esfuerzos para facilitar la realización de este objetivo, quedando bien entendido que no se hará nada que pueda perjudicar los derechos civiles y religiosos de las comunidades no judías existentes en Palestina ni los derechos y el estatuto político de que gocen los judíos en cualquier otro país».[3] Resulta interesante que «el ferviente interés de Balfour por el sionismo tiene una base, al menos parcial, en lo que había aprendido en la escuela dominical, dato provisto por Blanch Dugdale, sobrina y biógrafa de Balfour».[4] En 1914, Balfour le dijo al líder judío sionista de la época, Chaim Weizmann que, en su opinión, la situación judía «no tendría solución hasta que los judíos de aquí sean completamente asimilados o hasta que haya una comunidad judía normal en Palestina».[5]

Una cosa es segura: en 1917, la cultura británica tenía una influencia bíblica cristiana mucho mayor de lo que se puede imaginar la Gran

Bretaña laica de nuestros días. Esta declaración fue un pedido de justicia para los judíos basado en su legado bíblico. Balfour formaba parte del gabinete del primer ministro británico David Lloyd George, un cristiano seguidor de la Biblia.

El historiador británico Paul Johnson escribió: «Lloyd George era un santurrón, otro punto a favor de los sionistas». Johnson menciona que cuando los líderes judíos sionistas hablaban de Palestina, Lloyd George decía que «mencionaban nombres que me eran más familiares que los del frente occidental».[6] Los judíos habían sido expulsados de su tierra en la última parte del siglo primero y el comienzo del segundo, y los británicos iban al rescate del «pueblo elegido» de la Biblia, al tiempo que adherían al creciente movimiento sionista de la *intelligentsia* —la elite intelectual— judía de Europa. Cualquiera fuera la motivación, la soberanía de Dios estaba en el asunto.

Como podrás imaginar, los árabes musulmanes de Medio Oriente no estaban contentos con la situación, pero en las palabras de la Declaración Balfour encontraron el consuelo de que no existiría una nación judía a menos que ellos estuvieran de acuerdo —cosa que no tenían intención de hacer, debido a que el islamismo tiene que ver con la sumisión a Alá—. Cuando conquistaron el territorio en 638 A.D., lo hicieron por la gloria de Alá. Desde su punto de vista, ceder la tierra iría en contra de la voluntad de Alá, ya que él les había dado la victoria en ese territorio.

## Israel hoy

A veces, los grandes acontecimientos de la historia ocurren cuando dos movimientos separados se unen con un interés común en un momento determinado. El legado bíblico cristiano de Gran Bretaña y su interés político por su propio imperio, junto con el creciente sionismo de los judíos de Europa, dio gran impulso a la emigración de los judíos europeos a Palestina. Esto fue algo mal recibido por los árabes palestinos, que consideraban que ese territorio había sido merecidamente recuperado por sus antepasados en 638. Aun así, un flujo constante de pioneros judíos comenzó a migrar a Palestina. Para finales del siglo xix, los 20,000 judíos que ya vivían en Palestina se habían por lo menos duplicado.[7]

En los años treinta, con el impulso de la Declaración Balfour y el sionismo entre los judíos europeos, sumado a la creciente amenaza llamada

## Plan de partición de la ONU de 1947

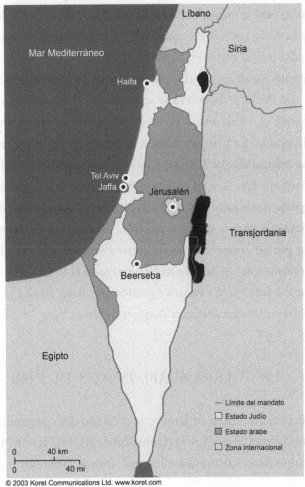

Líbano

Mar Mediterráneo

Siria

Haifa

Tel Aviv
Jaffa
Jerusalén

Transjordania

Beerseba

Egipto

— Límite del mandato
☐ Estado Judío
▨ Estado árabe
☐ Zona internacional

0    40 km

0        40 mi

© 2003 Koret Communications Ltd. www.koret.com

*fascismo* proveniente de Alemania bajo el poder de Adolf Hitler, la población judía en Palestina llegó a superar los 250,000. El 29 de noviembre de 1947, con la sensación de culpa que la filosofía nazi de Hitler dejó en el mundo occidental —es decir, el exterminio de casi 6 millones de judíos en el Holocausto—, la Organización de las Naciones Unidas aprobó una resolución que establecía un estado judío y uno árabe en el territorio palestino dividido. Según un fragmento de la resolución 181 de la Asamblea General de la Organización de las Naciones Unidas: «Los estados independientes árabe y judío y el régimen internacional especial para la Ciudad de Jerusalén, establecido en la parte III de este plan, empezarán a existir en Palestina dos meses después de concluido el retiro de las fuerzas armadas de la potencia mandataria, pero en ningún caso después del 1º de octubre de 1948. Los límites del estado árabe, del estado judío y de la Ciudad de Jerusalén serán los señalados más adelante en las partes II y III...»[8]

Cinco naciones árabes (Egipto, Jordania, Líbano, Irak y Siria) amenazaron con declarar la guerra si se aprobaba la resolución de la ONU. Sin embargo, el 14 de mayo de 1948 la nación de Israel renació y fue declarada estado. La primera nación en reconocer a Israel como estado oficial ese mismo día fue Estados Unidos, bajo el gobierno del presidente Harry Truman. Este dio su reconocimiento pese a la intensa oposición de gran parte de su gabinete, incluido el general George Marshall, que ya era una leyenda para la opinión pública.[9] La decisión de Truman estuvo motivada por su conocimiento de ciertos versículos de la Biblia, como Deuteronomio 1.8: «Mirad, yo os he entregado la tierra; entrad y poseed la tierra que Jehová juró a vuestros padres Abraham, Isaac y Jacob, que les daría a ellos y a su descendencia después de ellos».[10]

## LA GUERRA ÁRABE-ISRAELÍ DE 1948

El reconocimiento oficial de Israel como estado dejó pasmado al mundo árabe y musulmán. Para ellos, la resolución de la ONU era un insulto a Alá, que les había dado esa tierra a ellos. Los árabes palestinos, que llevaban más de 1,300 años viviendo en ese territorio, estaban indignados. Al día siguiente, fieles a su palabra, las cinco naciones árabes le declararon la guerra a Israel y les dijeron a los árabes palestinos que abandonaran la tierra, porque iban a «echar a los judíos al mar».[11] Setecientos mil refugiados palestinos huyeron a estas naciones árabes vecinas. Prácticamente sin armas y con tan solo 600,000 judíos rodeados por decenas de millones de árabes musulmanes,[12] los judíos del apenas reinstaurado Israel parecían no tener salida.

Resulta interesante notar que en un informe de 1947, ahora desclasificado, la CIA [Agencia Central de Información de Estados Unidos] predijo esta situación: «A menos que sean capaces de obtener una ayuda externa significativa en términos de fuerza de trabajo y materiales, los judíos no podrán resistir por más de dos años».[13] Pese a esta predicción, y apenas un año después que se escribieran esas palabras, los israelíes se impusieron y se declaró una tregua entre los árabes y los judíos. La supervivencia de Israel es uno de los milagros de la historia moderna.

Para comprender mejor este asunto, imagina cómo se sentiría un ciudadano estadounidense si la Organización de las Naciones Unidas aprobara una resolución en la que declarara que las trece colonias originales de Estados Unidos deben ser restituidas a los aborígenes, y que sus tradiciones, religiones, cultura y forma de gobierno deben volver a implementarse en esas partes del país. Muchos estadounidenses se echarían a reír ante lo absurdo de la idea y pensarían: «*Nuestros antepasados se apoderaron de esas tierras con todas las de la ley, y tenemos derecho a conservarlas*». Pero, ¿qué sucedería si quienes realmente mandan en el mundo comenzaran a tomar en serio esa declaración y los aborígenes de Estados Unidos regresaran en tropel a las trece colonias originales e incluso reclamaran sus derechos sobre Washington D. C. como su capital? Eso probablemente implicaría una guerra civil. ¿Te das una idea ahora de cómo se sintieron los árabes musulmanes acerca de este creciente movimiento mundial a favor de la devolución del territorio de Palestina a sus dueños originales, es decir, el pueblo judío?

## LA ORGANIZACIÓN PARA LA LIBERACIÓN
## DE PALESTINA (OLP)

Desde el 14 de mayo de 1948, el conflicto por la tierra que ocupa el moderno estado de Israel fue brutal. Y se intensificó en los años sesenta con la creación de la Organización para la Liberación de Palestina (OLP). En 1969, Yasser Arafat fue electo presidente de la OLP. Sus estatutos clamaban por la eliminación de Israel y afirmaban: «La liberación de Palestina es un deber nacional (*qawmi*) desde un punto de vista árabe; su propósito consiste en repeler la agresión imperialista contra la patria árabe, y su meta es la eliminación del sionismo en Palestina».[14] Los artículos 19 y 20 agregan algunos detalles interesantes:

> Artículo 19: La partición de Palestina en 1947 y la instauración del Estado de Israel son completamente ilegales pese al paso del tiempo, pues fueron contrarias a la voluntad del pueblo palestino y a su derecho natural sobre su patria, y estuvieron en contradicción con los principios plasmados en la Carta de las Naciones Unidas, en particular el derecho de autodeterminación.
>
> Artículo 20: La Declaración Balfour, el mandato para Palestina y todo cuanto se ha basado sobre ellos se consideran nulos e inválidos. La reivindicación de vínculos históricos o religiosos con Palestina por parte de los judíos es incompatible con los datos de la historia y la auténtica concepción de lo que constituye el estado. Al ser una religión, el judaísmo no es una nacionalidad independiente. Los judíos no constituyen tampoco una nación única con identidad propia; son ciudadanos de los estados a los que pertenecen.[15]

Sin lugar a dudas, esto es un rechazo tajante a la patria judía en Palestina.

## LA GUERRA DE LOS SEIS DÍAS

El 5 de junio de 1967, mientras el ejército egipcio se movilizaba por la región del Sinaí en lo que parecía ser un ataque a Israel, los israelíes lanzaron un ataque preventivo que destruyó a la fuerza aérea egipcia y siria

MINISTERIO DE ASUNTOS EXTERIORES DE ISRAEL
La historia de Israel contada en mapas

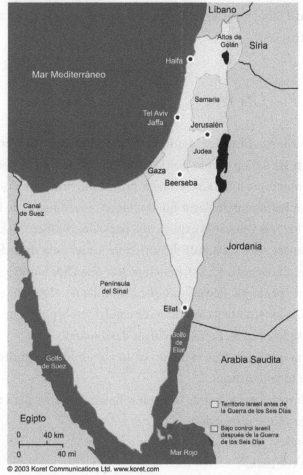

10 de junio de 1967: Israel después de la Guerra de los Seis Días

Líbano

Altos de Golán

Siria

Haifa

Mar Mediterráneo

Samaria

Tel Aviv Jaffa

Jerusalén

Judea

Gaza

Beerseba

Canal de Suez

Jordania

Península del Sinaí

Eilat

Golfo de Eilat

Golfo de Suez

Arabia Saudita

☐ Territorio israelí antes de la Guerra de los Seis Días

☐ Bajo control israelí después de la Guerra de los Seis Días

Egipto

0  40 km

0  40 mi

Mar Rojo

© 2003 Koret Communications Ltd. www.koret.com

antes de que pudiera despegar. Esta guerra decisiva, de solo seis días de duración, asombró al mundo. ¿Cómo podía esta nación diminuta, del tamaño de Nueva Jersey, haber logrado esa increíble victoria? Hacia el final de la semana, Israel reclamaba Gaza, la Península del Sinaí, los Altos del Golán, Cisjordania y el Monte del Templo en Jerusalén.

Al igual que cuando sobrevivió la guerra árabe-israelí de 1948 durante el primer año de su renacimiento, la de la Guerra de los Seis Días de 1967 también fue una victoria militar milagrosa de proporciones bíblicas. El mundo árabe había sido humillado y, lo que era aun peor, veía la derrota como una humillación a Alá, que les había entregado la tierra. La presión mundial llevó a Israel a devolver la mayor parte del territorio de la Península del Sinaí y partes de Cisjordania, pero hasta la fecha se niega a devolver Jerusalén.

## UN PACTO INCONDICIONAL

Este breve repaso histórico desde la destrucción de Jerusalén por los romanos en 70 A.D., pasando por la conquista de Jerusalén por los árabes musulmanes en 638 A.D. y luego por el movimiento sionista y la Declaración Balfour, para llegar finalmente al renacimiento de Israel y la Guerra de los Seis Días, solo explica una parte del conflicto. Si bien tiene su importancia, este trasfondo histórico de Israel deja de lado lo más importante. En Génesis 12.1-2, podemos leer que Dios llamó a Abraham y le hizo una promesa. Recordarás que la familia de Abraham era de Ur, actual Irak. A los setenta y cinco años de edad, Dios le pidió que dejara su tierra y, basado en su fe, fuera a un lugar desconocido.

Imagina que estás muy asentado en tu comunidad, a punto de jubilarte, y que tu jefe te dice:

—La empresa necesita que te mudes. Tenemos planes para ti.

Asombrado, le respondes:

—¿Dónde?

Tu jefe contesta:

—No te lo diré. Solo vende tu casa, empaca tus pertenencias, prepara a tu familia y dirígete hacia el sudoeste. Mantén encendido el teléfono. Cuando llegues adonde queremos que vayas, recibirás nuestro llamado.

—¿Cómo lo sabrán? —respondes.

—Seguiremos al automóvil de la compañía que conduces vía satélite.

¿Cómo reaccionarías? Seguramente, pensarías que están locos.

Eso fue lo que pasó. Alrededor de la edad en que las personas normalmente se jubilan, se le pidió a Abraham que hiciera un gran cambio. La confianza que Abraham tenía en Dios reflejaba su enorme fe y también una valentía asombrosa. Hizo lo que Dios le pidió y se dirigió al sudoeste con su esposa, algunos parientes, y todas sus posesiones. A medida que avanzaban, seguramente Abraham se preguntaba sobre el otro aspecto de la promesa de Dios que ya mencionamos: el hecho de que ya tenía setenta y cinco años, y Sara, sesenta y cinco, y que durante toda su vida matrimonial habían sido infértiles. Probablemente, Abraham pensó: «*Se nos está acabando el tiempo. Ya parece demasiado tarde*», pero aun así siguió avanzando movido por la fe.

La Palabra de Dios nos cuenta sobre este viaje:

> Y se fue Abram, como Jehová le dijo; y Lot fue con él. Y era Abram de edad de setenta y cinco años cuando salió de Harán. Tomó, pues, Abram a Sarai su mujer, y a Lot hijo de su hermano, y todos sus bienes que habían ganado y las personas que habían adquirido en Harán, y salieron para ir a tierra de Canaán; y a tierra de Canaán llegaron. Y pasó Abram por aquella tierra hasta el lugar de Siquem, hasta el encino de More; y el cananeo estaba entonces en la tierra. Y apareció Jehová a Abram, y le dijo: «A tu descendencia daré esta tierra». Y edificó allí un altar a Jehová, quien le había aparecido. (Génesis 12.4-7)

Dios guió a Abraham a Canaán, la tierra de un antiguo pueblo pagano. Luego, Dios le dijo a Abraham que les daría esa tierra a sus *herederos*. No se la daría a Abraham ni a Sara; se la daría a sus herederos. Los pioneros luchan con esfuerzo; los herederos cosechan los beneficios. Qué altruismo por parte de Abraham.

Unos diez años más tarde, cuando Abraham empezaba a dudar de la promesa que Dios le había hecho sobre esa tierra, Dios le aseguró una vez más que sus descendientes recibirían ese territorio: «Yo soy Jehová, que te saqué de Ur de los caldeos, para darte a heredar esta tierra» (Génesis 15.7). Pero Abraham no estaba tan seguro y dijo: «Señor Jehová, ¿en qué conoceré que la he de heredar?» (v. 8).

Entonces, Dios hizo algo que Abraham podía entender. En el antiguo Medio Oriente, para sellar un trato se hacía un pacto: se cortaba en dos a un animal y luego las dos partes involucradas caminaban entre las dos mitades. En Génesis 15.9-16, Abraham lleva animales a Dios, los corta por la mitad y luego cae en un sueño profundo. No caminó en medio de las carcasas, pero Dios sí lo hizo. «Y sucedió que puesto el sol, y ya oscurecido, se veía un horno humeando, y una antorcha de fuego que pasaba por entre los animales divididos» (Génesis 15.17). Era como si Dios estuviera sellando el pacto y diciéndole a Abraham: «Esto va por mi cuenta». A diferencia de muchos de los pactos del Antiguo Testamento que se basan en la obediencia de Israel («si haces esto... yo haré aquello»), este pacto no dependía de la lealtad de Abraham.

Como parte del pacto, Dios le dio a Abraham los límites geográficos:

En aquel día hizo Jehová un pacto con Abram, diciendo:
   «*A tu descendencia daré esta tierra,*
    *desde el río de Egipto hasta el río grande, el río Éufrates:*
   la tierra de los ceneos, los cenezeos, los cadmoneos,
   los heteos, los ferezeos, los refaítas,
   los amorreos, los cananeos, los gergeseos y
   los jebuseos». (Génesis 15.18-21)

La tierra prometida se extendería hasta la tierra natal de Abraham, hacia el noreste hasta el río Éufrates, en la actual Siria, y hacia el oeste hasta el río de Egipto. Dios no fue explícito en cuanto a las fronteras norte y sur (si bien podría decirse que el río Éufrates opera tanto como frontera norte como frontera este, y que el recorrido del río Jordán hasta el Mar Muerto actúa como un límite oriental más claro en la porción sur de la tierra prometida).[16] Dios simplemente dijo que los herederos de Abraham heredarían la tierra de todos los ceneos, los cenezeos, los cadmoneos, los heteos, los ferezeos, los refaítas, los amorreos, los cananeos, los gergeseos y los jebuseos, todos pueblos muy numerosos.

A través de los años, he hablado con varios estudiosos del Antiguo Testamento acerca de cuáles serían los límites actuales de la tierra que Dios prometió a los herederos de Abraham. El mar Mediterráneo, al oeste, es indiscutible. Al noreste, la mayoría coincide en sectores del río Éufrates. La cuestión de hasta dónde se extendería el territorio hacia el este es un poco confusa, y también hay diferentes opiniones en cuanto a la frontera sur: la postura dominante considera que es el río Nilo, si bien grandes eruditos difieren en este punto. Para complicar aun más el panorama, estos grupos mencionados eran nómadas, de modo que los estudiosos de nuestros tiempos no pueden señalar específicamente un área geográfica limitada como su hogar.

Hace poco, tomé un curso sobre Josué con Walter Kaiser, una autoridad en el Antiguo Testamento, presidente emérito del Seminario Teológico Gordon Conwell y editor de la *Santa Biblia de Estudio Arqueológica NVI*. Según él, la frontera sur de la tierra prometida se encuentra en el wadi de Egipto, a veces llamado el arroyo de Egipto, a unos treinta y dos kilómetros de Gaza. El límite se extiende desde el mar Mediterráneo hasta Eilat, en el extremo norte del golfo de Aqaba, la frontera sur del actual Israel. La frontera oriental bordea el río Jordán hacia el norte, hasta el Mar Muerto, y luego hace un brusco giro a la derecha para abarcar los Altos del Golán y la región que rodea Damasco en la actual Siria hasta llegar a la frontera norte, que bordea el río el-Kabir, en la frontera norte del actual Líbano. En el mapa que se presenta a continuación, vuelco mi interpretación de las ideas del doctor Kaiser.

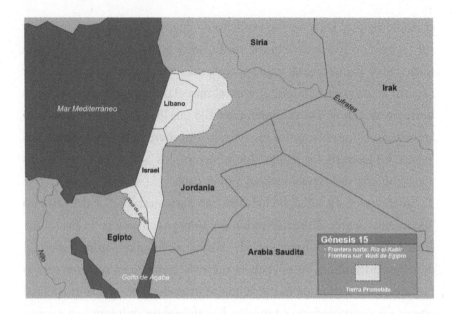

Otros académicos, incluidos los traductores de la New American Standard Bible, creen que la frontera norte bordea el río Éufrates. Se extiende al este hacia el centro de Siria y luego hace un giro brusco hacia el sur, en dirección a los Altos del Golán. Luego continúa hacia el sur hasta Eilat, bordeando el río Jordán y el Mar Muerto. En ambos casos, la tierra prometida abarcaría la porción noreste de Egipto, parte de Jordania, parte de Siria y todo el Líbano, además de la actual nación de Israel. Mi interpretación de este punto de vista sobre la extensión de la tierra prometida se muestra en el mapa en página 31.

En mi opinión, este mapa es el que más sentido tiene según la Biblia. El libro 2 Reyes, 24.7, menciona la frontera sur como el río de Egipto: «Y nunca más el rey de Egipto salió de su tierra; porque el rey de Babilonia le tomó todo lo que era suyo desde el río de Egipto hasta el río Éufrates». Las fuentes no bíblicas son claras en cuanto a que el río de Egipto tomado por el rey de Babilonia fue el Nilo, con lo que coinciden muchos estudiosos de la Biblia. Una cosa es segura: la tierra que Dios le prometió a Abraham es mucho más grande que la actual nación de Israel.

Solemos pensar que el conflicto de los territorios de Medio Oriente está pasando por un momento álgido. Ahora bien, ¿puedes imaginar qué sucedería si el moderno estado de Israel anunciara al mundo que decidió

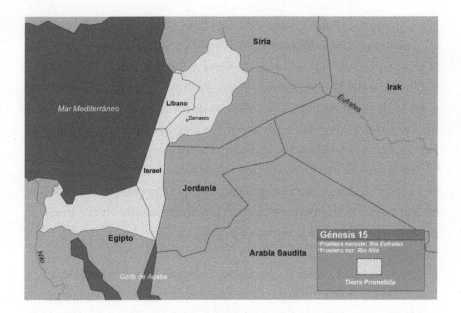

reclamar todas las tierras que le prometió Dios? Eso, sin dudas, se convertiría en la Tercera Guerra Mundial.

## HEREDAD PERPETUA

Pero esto se pone más interesante. Avancemos catorce años más desde el pacto de Dios con Abraham. Aún no habían llegado los hijos, y tampoco la tierra. ¿Puedes imaginar todo lo que Abraham y Sara debieron luchar contra sus dudas acerca de la palabra y las promesas de Dios durante los últimos veinticuatro años? Sin embargo, pese al enorme error que había cometido trece años antes al querer ayudar a Dios teniendo un hijo con la criada de Sara, Abraham seguía creyendo. Como vimos en el capítulo 1, Dios volvió a aparecérsele a Abraham y a reiterarle sus promesas. En Génesis 17.8, Dios dice acerca de la tierra: «Y te daré a ti, y a tu descendencia después de ti, la tierra en que moras, toda la tierra de Canaán en heredad perpetua; y seré el Dios de ellos».

Dios les prometió a Abraham y a sus herederos que recibirían la tierra prometida en «heredad perpetua». *Perpetuo* significa «eterno»; significa «para siempre». ¿Podría haber sido más claro Dios? Más allá del año 587 A.C., cuando Nabucodonosor de Babilonia conquistó Jerusalén y sacó a la mayor parte de los judíos de su tierra y los convirtió en cautivos de Babilonia; o del 70 A.D., cuando Roma destruyó el templo de Jerusalén; o del 14 de mayo de 1948 o de la Guerra de los Seis Días de 1967, Dios le dio esa tierra a Abraham y sus herederos elegidos del pacto —el pueblo hebreo, la nación de Israel— en *heredad perpetua*.

Dios no hizo esta promesa una sola vez. Se la reiteró a Isaac (Génesis 26), a Jacob (Génesis 28) y luego, cuatrocientos años más tarde, a Moisés, en Números 34. Mi interpretación del territorio descrito en este pasaje se presenta en el mapa de la siguiente página:

Y Jehová habló a Moisés, diciendo: «Manda a los hijos de Israel y diles: "Cuando hayáis entrado en la *tierra de Canaán*, esto es, la tierra que os ha de caer en herencia, la tierra de Canaán según sus límites, tendréis el lado del sur desde el desierto de Zin hasta la frontera de Edom; y será el límite del sur al extremo del Mar Salado hacia el oriente. Este límite os irá rodeando desde el sur hasta la subida de Acrabim, y pasará hasta Zin; y se extenderá del sur a Cades-barnea; y continuará a Hasar-adar, y pasará hasta Asmón. Rodeará este límite desde Asmón hasta el torrente de Egipto, y sus remates serán al occidente.

Y el límite occidental será el Mar Grande; este límite será el límite occidental.

El límite del norte será este: desde el Mar Grande trazaréis al monte de Hor. Del monte de Hor trazaréis a la entrada de Hamat, y seguirá aquel límite hasta Zedad; y seguirá este límite hasta Zifrón, y terminará en Hazar-enán; este será el límite del norte.

Por límite al oriente trazaréis desde Hazar-enán hasta Sefam; y bajará este límite desde Sefam a Ribla, al oriente de Aín; y descenderá el límite, y llegará a la costa del mar de Cineret, al oriente. Después descenderá este límite al Jordán, y terminará en el Mar Salado: ésta será vuestra tierra por sus límites alrededor"». (Números 34.1-12; énfasis del autor; cp. Éxodo 23.31)

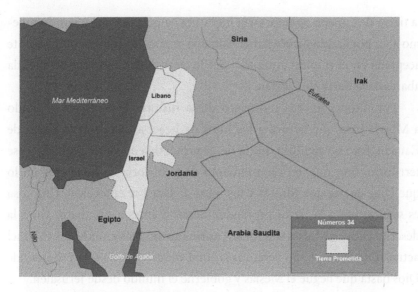

Esta descripción de la tierra prometida abarca un territorio menor que la que Dios hizo a Abraham en Génesis 15 y reiteró como promesa perpetua en Génesis 17. Desearía poder hacer un razonamiento claro y conciso sobre este punto, pero algunas cosas de la Biblia son sencillamente inexplicables. En cuanto a esto, hay varias a tener en cuenta. La primera es la absoluta confiabilidad de la Palabra de Dios. En ocasiones, leer varios pasajes de la Biblia puede parecer contradictorio, lo que puede hacernos dudar de la confiabilidad de Dios. Lo sé porque yo mismo tuve que lidiar con esas dudas muchas veces. Pero una vez que establecemos que la Biblia es perfectamente seria y confiable, aprendemos a dudar de nuestras dudas y a preguntarle a Dios: «¿Cuál es el entendimiento que intentas compartir conmigo?» A veces, simplemente tenemos que confiar en que la Palabra de Dios es verdadera aun cuando resulte difícil de comprender. En ocasiones, con el tiempo, algunas afirmaciones de la Biblia que a primera vista parecían contradictorias se vuelven claras por medio de la interpretación y la enseñanza del Espíritu Santo. Entonces, nos damos cuenta de que no había una contradicción; era solo que no teníamos un entendimiento cultural, teológico e histórico completo. Este bien podría ser el caso aquí.

En segundo lugar, la descripción de la tierra prometida en Números coincide con otros registros históricos de la tierra de Canaán. Por ejemplo, la tierra de Canaán aparece en la literatura egipcia ya en el segundo milenio A.C., por lo que parece haber sido una región geográfica comúnmente aceptada en el mundo antiguo.[17] Sin lugar a dudas, la tierra prometida abarcaría la tierra de Canaán.

Por último, en ese momento de la historia Dios estaba guiando a Moisés para que llevara a los hijos de Israel a recuperar la tierra de Canaán. Esto no significa que la tierra prometida quedaría limitada a ese territorio, sino que, en ese momento de la historia de Israel, era en lo que Dios quería que Moisés y los hijos de Israel se enfocaran. Una cosa es segura: tanto la tierra prometida descrita antes a Abraham como la descrita ahora a Moisés son un territorio mucho más grande que el Israel actual. Obviamente, no veremos la total concreción de esta promesa de Dios hasta que llegue el Mesías y gobierne el mundo desde Jerusalén.

Después de la muerte de Moisés, Dios reiteró su promesa a Josué, su sucesor, y le dijo que era momento de reclamar la tierra (Josué 1.2-6). Tomó unos cincuenta años, pero finalmente Josué recuperó parte del territorio —si bien no todo—. La nación de Israel alcanzó su apogeo al conquistar la tierra bajo el reinado del rey David y su hijo Salomón. Sin embargo, los israelitas nunca reclamaron ni conquistaron la totalidad de la tierra que Dios les prometió. Sin duda, en la nación moderna de Israel queda mucho por cumplir de la promesa que Dios hizo en su palabra sobre esta tierra.

## ¿UN CONFLICTO IRRESOLUBLE?

La promesa que Dios le hizo a Israel no resuelve el conflicto. Es más, en muchos sentidos agudiza la tensión. Suma a esto el énfasis del islamismo respecto del sometimiento a Alá y su creencia en que Alá les dio la tierra que hoy es Israel en 638 A.D., y resulta en que la presencia y la existencia de Israel en esa tierra es una humillación indignante para esa deidad. En la actualidad, los alrededor de 6 millones de judíos que viven en Israel están rodeados por aproximadamente 400 millones de árabes musulmanes, y aun así estos últimos no pueden recuperar la tierra que creen que les pertenece por derecho. Esto es inaceptable para Alá y su religión.

Humanamente hablando, se trata de un dilema sin solución. Desde la perspectiva árabe musulmana, ellos poseyeron ese territorio por más de 1,300 años (638-1948), y fuerzas externas —como la ONU, guiada por Estados Unidos y Gran Bretaña— se lo dieron a los judíos. Humanamente hablando, es una farsa, una injusticia flagrante. Los herederos de Abraham e Ismael sienten que otra vez están recibiendo un trato injusto de los herederos de Abraham e Isaac.

Sin embargo, si la Palabra de Dios es cierta, los herederos de Abraham, Isaac y Jacob —es decir, el pueblo de Israel—, tienen derecho a esa tierra. Dios la prometió como *heredad perpetua*. Cuesta creer que un cristiano seguidor de la Biblia no apoye el derecho de Israel sobre esa tierra.

Viajé a Tierra Santa en numerosas ocasiones y desearía poder regresar mañana mismo. Tiene algo especial. Los cristianos seguidores de la Biblia sienten un apego y un cariño especial por ella. Es la tierra de Israel, la tierra que Dios eligió para enviar a su hijo. Es la tierra donde vivió Jesús, por donde caminó. Es la tierra donde Jesús dio su vida en una cruz romana por el pecado del hombre. Es la tierra donde se levantó de entre los muertos y conquistó el pecado y la muerte para que nosotros también pudiéramos hacerlo. Es la tierra donde ascendió a los cielos y es la tierra donde regresará. No hay palabras para describir cuán especial es la tierra prometida, la Tierra Santa.

Si bien en términos humanos el conflicto sobre esta tierra parece irresoluble, el Mesías regresará algún día y se posará en el monte de los Olivos. «Y se afirmarán sus pies en aquel día sobre el monte de los Olivos, que está en frente de Jerusalén al oriente; y el monte de los Olivos se partirá por en medio, hacia el oriente y hacia el occidente, haciendo un valle muy grande; y la mitad del monte se apartará hacia el norte, y la otra mitad hacia el sur» (Zacarías 14.4). El Mesías entrará en Jerusalén para reinar como Rey de reyes y Señor de señores. Reinará desde el trono del rey David en Jerusalén. «Y Jehová será rey sobre toda la tierra. En aquel día Jehová será uno, y uno su nombre ... Y todos los que sobrevivieren de las naciones que vinieron contra Jerusalén, subirán de año en año para adorar al Rey, a Jehová de los ejércitos, y a celebrar la fiesta de los tabernáculos» (Zacarías 14.9, 16).

Hasta que llegue ese momento, todos los tratados de paz que se firmen en el mundo serán treguas temporales, porque no será hasta entonces, hasta el regreso del Señor, que se resolverá el conflicto de los territorios de Medio Oriente.

# 3

## DOS MUJERES
## QUE HICIERON HISTORIA
### Sara y Agar

*Y Sarai mujer de Abram tomó a Agar su sierva egipcia, al cabo de diez años que había habitado Abram en la tierra de Canaán, y la dio por mujer a Abram su marido. Y él se llegó a Agar, la cual concibió; y cuando vio que había concebido, miraba con desprecio a su señora.*

—GÉNESIS 16.3-4

A través de los años, pedí a miles de personas que me hablaran de su vida espiritual, que me contaran en qué cosas descubrían la voluntad de Dios. Una y otra vez, escuché la misma respuesta: «Pues, ¿sabes?, Dios ayuda a quienes se ayudan a sí mismos». Algunas veces, repliqué: «Posiblemente este sea el versículo de la Biblia preferido en Estados Unidos, pero lamento decirte que no figura en la Biblia». Muchos de mis interlocutores me miraron sorprendidos, incrédulos. Algunos hasta protestaron: «Tiene que estar allí. Llevo toda la vida escuchándolo; me lo enseñó mi madre».

Pero lo cierto es que, pese a que muchas personas dicen que es su versículo favorito, no está en la Biblia. En realidad se trata de un dicho que adquirió popularidad gracias a un gran estadounidense que probablemente se impacientó al oír a cristianos decir cosas como: «Confío en Dios», «Todo depende de Dios» o «Estoy esperando al Señor». Este gran estadounidense es Ben Franklin, y si bien con frecuencia se cree que este dicho basado en el sentido común y salido de *Poor Richard's* Almanac[1] —publicación anual de Ben Franklin— es una perla de sabiduría bíblica, no lo es. De hecho, esta filosofía bienintencionada aunque equivocada ha hecho que muchas personas metieran mano en ciertos asuntos de una manera que muestra falta de confianza en Dios y en sus promesas.

Pero los estadounidenses no son los únicos que aceptan la filosofía de Ben Franklin y que creen que es correcta. Algunos de los gigantes de la fe de la Biblia pensaron y actuaron según esa idea y, al hacerlo, trazaron el curso de la historia.

Una de estas personas fue Sara, la esposa de Abraham, una de las grandes mujeres de la Biblia. Sara creyó en que «Dios ayuda a quienes se ayudan a sí mismos» miles de años antes de que Ben Franklin escribiera esa frase como expresión del sentido común estadounidense.

## UN PLAN PRAGMÁTICO

Sara tenía un gran problema: era infértil (Génesis 16.1-2). La infertilidad es un problema desgarrador. Es un trastorno que los días de las madres nos recuerdan todos los años. Hay personas que hasta prefieren no asistir a la iglesia ese domingo, por el dolor que les causa. Estas mujeres sufren tanto por no poder tener hijos, que saben que se sentirán pésimamente ese día en que todo gira en torno a la maternidad.

Pero, si la infertilidad es dolorosa en nuestra cultura, era el doble de terrible en la antigüedad. En aquellos días, la infertilidad era más que una cuestión fisiológica: se la consideraba una cuestión espiritual. Era una señal de que Dios desaprobaba la vida de casada de una mujer. No era solo algo doloroso; era deshonroso. Sara llevaba toda la vida lidiando con esa vergüenza. Como si eso fuera poco, para aumentar su frustración, Dios le prometió a su esposo que les daría un hijo, una promesa fisiológicamente imposible dada la edad avanzada de ambos. A los sesenta y cinco años, Sara estaba lejos de sus años fértiles. En nuestros tiempos, la mujer más adulta que concibió un hijo de manera natural lo hizo a los cincuenta y nueve años.[2]

Pasó una década, lo que significa que Abraham ya tenía ochenta y cinco años. Sara, diez años menor, envejecía con él y era consciente de ello. Puede que Abraham le haya contado que Dios se le había vuelto a aparecer para asegurarle que mantendría su promesa de que de su semilla provendría una descendencia mayor que las estrellas que podía ver en los cielos. Dios le había dicho a Abraham: «Mira ahora los cielos, y cuenta las estrellas, si las puedes contar ... Así será tu descendencia» (Génesis 15.5).

Aun así, era claro que a Sara le costaba confiar en la promesa que Dios le había hecho a Abraham. De modo que un día miró a su sierva egipcia y se le ocurrió una idea. Su sierva se llamaba Agar, y a Sara se le ocurrió una manera de ayudar a Dios. Sara quería creerle a Dios, quería creerle a su esposo; pero era una mujer pragmática. Llevaban mucho tiempo de espera, tanto que había llegado a razonar: «Dios ayuda a quienes se ayudan a sí mismos». Como en esos días era una práctica legalmente aceptada que el esposo de una mujer infértil concibiera un hijo con la sierva de su esposa, Agar era justo lo que necesitaban. ¿Cómo no se le había ocurrido antes? Sara pensó: «*Quizá Dios está esperando hace mucho que yo sugiera esto*».

De modo que Sara le propuso algo a su esposo: «Jehová me ha hecho estéril; te ruego, pues, que te llegues a mi sierva; quizá tendré hijos de ella» (Génesis 16.2). Con esto, Sara en realidad le dijo tres cosas a Abraham. En primer lugar, culpó a Dios de su infertilidad. Sin lugar a dudas, era la voluntad de Dios que ella, a esa altura de su vida, no hubiera tenido hijos. Pero su infertilidad no era un castigo; Dios sencillamente manejaba otros tiempos. Sara bien podría haber dicho: «Jehová me ha hecho estéril hasta ahora, pero creo en lo que Dios le dijo a mi esposo, Abraham. Un día, nos

dará un hijo y finalmente construiremos una gran nación a través de él».
Pero no lo hizo.

En segundo lugar, a Sara se le ocurrió una forma de ayudar a Dios
cuando en realidad Él no necesitaba ninguna ayuda. Instó a su esposo a
que se «llegara a su sierva». El idioma hebreo no podría ser más gráfico
para comunicar que Sara estaba alentando a su esposo a mantener relaciones sexuales con otra mujer. Si bien esto era legal, no era la voluntad
de Dios. Se trataba de algo práctico, mas no del plan de Dios. Era socialmente aceptable, pero no lo que Dios quería que hicieran.

Finalmente, Sara hizo lo que pudo haber considerado una declaración
real de fe: «quizá tendré hijos de ella» (Génesis 16.2). En definitiva, su pensamiento fue: «*No estoy segura de que Agar quede embarazada de tu semilla,
Abraham —solo Dios lo sabe—, pero si mostramos un poco de fe y probamos
este plan que se me ocurrió, tal vez Dios lo bendiga. Vale la pena intentarlo*».
Ben Franklin se habría sentido orgulloso de Sara: idea un plan, demuestra
un poco de iniciativa y luego pídele a Dios que lo bendiga.

Como todo buen esposo, Abraham quiso complacer a su esposa. «Y
atendió Abram al ruego de Sarai» (Génesis 16.2). Quizá Sara había encontrado una buena alternativa, y como Abraham era un pecador —como
todos nosotros—, puede que haya pensado: «*Me encantaría acostarme
con esta otra mujer, más aún cuando es mi esposa quien lo sugiere*». Fíjate
que en ningún momento Abraham menciona que ese no era el plan de
Dios. Abraham no menciona que eso podría generar celos en Sara en caso
de que Agar quedara embarazada. Tampoco sugiere que esperar a Dios
podría profundizar y fortalecer la fe de ambos. Después de todo, tal vez
Sara estaba en lo cierto.

Al aceptar el plan de Sara, Abraham cedió al tipo de tentación al
pecado más fuerte de todas: la tentación que viene de aquellos a quienes amamos, sobre todo la que le llega a un hombre por medio de la
mujer que ama. Esto nos recuerda la gran influencia que una esposa tiene
sobre su esposo, para bien y para mal. Confiar en Dios o no confiar en
Él, un dilema tan antiguo como Adán y Eva. El poder de una esposa para
influir en las acciones de su esposo es realmente fuerte. Sara hizo pecar a

Abraham y dio un curso a la historia cuyo eco aún resuena en nuestros días en el conflicto de Medio Oriente.

Génesis 16.4 dice: «Y él se llegó a Agar, la cual concibió; y cuando vio que había concebido, miraba con desprecio a su señora». El plan de Sara funcionó, y comenzaron los problemas en el Medio Oriente. Apenas se dio cuenta de que estaba embarazada, Agar comenzó a alardear delante de Sara. Agar no había planeado nada de eso, pero como se le había ocurrido a Sara y ella no estaba en posición de negarse, decidió hacerle la vida imposible a su señora. Luego, Sara se descargó con Abraham por haber aceptado su propia idea y agregarle más sufrimiento a su vida. «Mi afrenta sea sobre ti; yo te di mi sierva por mujer, y viéndose encinta, me mira con desprecio; juzgue Jehová entre tú y yo» (Génesis 16.5).

Abraham, por supuesto, quedó perplejo ante la respuesta de Sara y la hizo responsable del problema. Básicamente, le dijo: «Oye, ella es tu sierva. Tú eres la que tiene poder sobre ella, de modo que haz lo que te parezca mejor». Entonces, Sara le complicó tanto la vida a Agar que esta huyó. Su pragmatismo resultó pero, sin lugar a dudas, eso no era fe. Las consecuencias que tendría en el largo plazo por lo que había empujado a hacer a Abraham eran insondables para ella. Pero nosotros las recordamos cada día cuando vemos las hostilidades entre los árabes y los judíos en el Medio Oriente. Cuando tomamos cartas en el asunto e intentamos manipular la voluntad de Dios para lograr lo que queremos, Él puede permitirlo, pero el resultado puede ser sufrimiento.

## SARA SE RÍE DE DIOS

Trece años más tarde, el panorama de Sara no había mejorado mucho. Dios volvió a aparecérsele a Abraham para decirle que Sara tendría un hijo. «Entonces dijo: "De cierto volveré a ti; y según el tiempo de la vida, he aquí que Sara tu mujer tendrá un hijo". Y Sara escuchaba a la puerta de la tienda, que estaba detrás de él» (Génesis 18.10). En el momento de esa promesa, Abraham tenía noventa y nueve años, y Sara, ochenta y nueve.

Tener un hijo a esa edad era fisiológicamente imposible, y Sara lo sabía. Había sido infértil toda su vida, y ahora, además, hacía tiempo que había pasado la menopausia. Parecía estar en paz con Agar. Al parecer, la infertilidad era su destino.

Luego, Dios se volvió a presentar, cumpliendo su palabra. Génesis 18.1-8 nos cuenta sobre tres hombres que se le aparecen a Abraham:

> Después le apareció Jehová en el encinar de Mamre, estando él sentado a la puerta de su tienda en el calor del día. Y alzó sus ojos y miró, y he aquí tres varones que estaban junto a él; y cuando los vio, salió corriendo de la puerta de su tienda a recibirlos, y se postró en tierra, y dijo: «Señor, si ahora he hallado gracia en tus ojos, te ruego que no pases de tu siervo. Que se traiga ahora un poco de agua, y lavad vuestros pies; y recostaos debajo de un árbol, y traeré un bocado de pan, y sustentad vuestro corazón, y después pasaréis; pues por eso habéis pasado cerca de vuestro siervo». Y ellos dijeron: «Haz así como has dicho».
>
> Entonces Abraham fue de prisa a la tienda a Sara, y le dijo: «Toma pronto tres medidas de flor de harina, y amasa y haz panes cocidos debajo del rescoldo». Y corrió Abraham a las vacas, y tomó un becerro tierno y bueno, y lo dio al criado, y éste se dio prisa a prepararlo. Tomó también mantequilla y leche, y el becerro que había preparado, y lo puso delante de ellos; y él se estuvo con ellos debajo del árbol, y comieron.

Abraham puso en práctica una de las grandes virtudes de Medio Oriente: mostró hospitalidad a esos extraños y los invitó a pasar. Si alguna vez hubo un caso de «hospedar ángeles sin saberlo», es este. Abraham no solo ignoraba que estaba atendiendo a un grupo de ángeles, sino también que estaba demostrándole hospitalidad al mismísimo Señor (Génesis 18.13). Esta es otra de las teofanías del Antiguo Testamento: es una aparición de Jesús como hombre ante un hombre mucho antes de encarnar en un bebé en Belén.

¿Cómo respondió Sara a esta buena noticia? Como cualquier buen cínico. Sara no había nacido ayer. Todos esos años de promesas incumplidas de Dios la habían endurecido. Ya no sucedería. ¡Caramba, Sara podía no vivir un año más a esa altura, mucho menos tener un hijo! De modo que se echó a reír, tal como lo había hecho Abraham un año antes cuando el Señor le dijo que Sara tendría un hijo. Abraham y Sara se rieron de la promesa de Dios, no solo porque sentían que la muerte estaba cerca, sino también porque, ¿crees que tenían una vida sexual activa a los ochenta y nueve y noventa y nueve años de edad?

La Palabra de Dios nos dice qué pensaba Sara en ese momento. «Y Abraham y Sara eran viejos, de edad avanzada; y a Sara le había cesado ya la costumbre de las mujeres. Se rió, pues, Sara entre sí, diciendo: "¿Después que he envejecido *tendré deleite*, siendo también mi señor ya viejo?"» (Génesis 18.11-12; énfasis del autor). Se refería a Abraham como su señor, pero el verdadero Señor es Jesús, y Él no estaba contento con su cinismo y su falta de fe. No te equivoques: el cinismo hacia Dios y su palabra siempre es signo de muerte espiritual.

El Señor confrontó la risa de Sara y dijo: «¿Por qué se ha reído Sara diciendo: "¿Será cierto que he de dar a luz siendo ya vieja?" ¿Hay para Dios alguna cosa difícil? Al tiempo señalado volveré a ti, y según el tiempo de la vida, Sara tendrá un hijo» (Génesis 18.13-14).

La respuesta de Dios nos recuerda a la del ángel Gabriel a la virgen María cuando le dijo que daría a luz al Hijo de Dios y ella replicó, incrédula: «¿Cómo será esto? pues no conozco varón» (Lucas 1.34). Gabriel le dijo que concebiría de manera sobrenatural mediante el poder del Espíritu Santo, «porque nada hay imposible para Dios» (v. 37). Pocas afirmaciones sobre Dios pueden ser tan importantes como esta. Dios es todopoderoso. No importa cuán imposible le parezca su voluntad al hombre, nada es imposible para Dios. Creer esto es verdadera fe. Sin embargo, Sara mostró falta de fe, dado que respondió a algo humanamente imposible como cualquier cínico avezado. Ese no fue el mejor momento de Sara.

Sara empeoró más las cosas cuando escuchó la respuesta de Dios a su risa y mintió al respecto: «Entonces Sara negó, diciendo: "No me reí"; porque tuvo miedo. Y Él dijo: "No es así, sino que te has reído"» (Génesis 18.15). El pecado acarrea mentiras que buscan ocultarlo. Al enfrentarnos con nuestros errores, tendemos a mentir y negarlos porque queremos vernos mejor de lo que somos a los ojos de los demás. Pero Dios ve a través de nuestras mentiras, del mismo modo en que vio a través de las mentiras de Sara. ¡Qué vergonzoso! Como si eso fuera poco, cuando su cinismo quedó expuesto, mintió al respecto. Qué mal momento en su vida.

Si la historia de Sara terminara aquí, las cosas no le habrían ido bien. Sin embargo, por su sorprendente paciencia, su inexplicable gracia, Dios no la rechazó. Aún tenía grandes planes para Sara. Qué aliento para nosotros en esos momentos en que nuestra fe se encuentra débil y hacemos cosas que desilusionan a Dios. Qué maravilloso es saber que nuestro amoroso Dios todavía tiene grandes planes para nosotros, y que esos planes tienen que ver con transformar nuestros corazones y vidas de manera que otros puedan aprender de nuestros errores y falta de fe y aun así sentirse inspirados por la persona en que Dios nos transforma.

Eso mismo es lo que Dios haría con Sara, pero ese cambio no ocurriría de la noche a la mañana sino que tomaría muchos años. Dios tenía mucho que transformar.

## Sara se vuelve a reír

«Visitó Jehová a Sara, como había dicho, e hizo Jehová con Sara como había hablado» (Génesis 21.1). Dios mantuvo la promesa que les había hecho a Abraham y a Sara. Él siempre mantiene sus promesas. Su palabra es definitiva y confiable. Mantener la palabra es un bien escaso en nuestro mundo. Es algo que valoramos mucho cuando lo vemos en alguien, sobre todo cuando las personas hacen mucho esfuerzo por mantener sus compromisos.

Uno de mis libros y miniseries preferidos de todos los tiempos es *Paloma solitaria*. Tiene muchas escenas fantásticas. Una de ellas es cerca del final, cuando el mejor amigo de Gus, el capitán Call, finalmente llega a Lonesome Dove, Texas, con el cuerpo de Gus, el que había transportado desde Montana, donde había muerto. Gus le había pedido que lo enterrara en su lugar preferido, junto a un río, y el capitán Call dijo que lo haría. La última parte de la historia es la extraordinaria aventura del capitán al llevar el cuerpo de Gus de regreso a Lonesome Dove. Esto lo convirtió en una leyenda viva en el mítico Oeste estadounidense. El capitán Call finalmente termina su viaje y entierra a Gus donde prometió que lo haría con los ojos llenos de lágrimas mientras reflexiona sobre la vida de su amigo. En un momento, el capitán Call dice: «Pues, Gus, aquí estás. Supongo que esto me enseñará a ser más cuidadoso con las promesas que haga en el futuro». Se trata de un momento de inspiración cómica por el increíble precio que pagó un hombre para mantener su palabra. Ah, el mundo anhela hombres como ese, pero hay pocos.

Pero existe Alguien que siempre mantiene su palabra. Sus promesas son tan seguras como que el sol sale al comienzo de cada día. Su nombre es Dios. «Y Sara concibió y dio a Abraham un hijo en su vejez, en el tiempo que Dios le había dicho» (Génesis 21.2). Dios dijo lo que había dicho que haría, pero lo hizo en su momento, el momento perfecto.

Otra miniserie que cautivó a Estados Unidos fue «Raíces», de Alex Haley. Esta increíble historia se centra en la vida de un esclavo estadounidense y su familia, desde el punto de vista del esclavo. Esta serie les abrió los ojos a muchas personas blancas acerca de las penurias de la esclavitud en muchas formas que jamás habían imaginado. Durante una entrevista posterior a la serie, un reportero le preguntó a Haley si alguna vez había imaginado que su libro tendría semejante impacto después de tantos años. Nunca olvidaré su respuesta. Habló sobre una visita a su abuela cuando era niño. Su abuela era una devota mujer de fe, y le dijo: «Alex, Dios no siempre hace las cosas a tu tiempo, pero siempre llega a tiempo».

Seguramente Sara y Abraham habrían estado de acuerdo con esta mujer. Dios les dio el hijo largamente prometido en su momento.

«Y llamó Abraham el nombre de su hijo que le nació, que le dio a luz Sara, Isaac. Y circuncidó Abraham a su hijo Isaac de ocho días, como Dios le había mandado» (Génesis 21.3-4). Cuando Dios cumplió su promesa, Abraham hizo lo que Dios le había ordenado hacer. Llamó a su hijo *Isaac*, que significa «risa», y luego lo circuncidó a los ocho días, como signo de que era el hijo del pacto. Dios había cumplido su pacto con Abraham, y ahora Abraham obedecía a Dios.

«Y era Abraham de cien años cuando nació Isaac su hijo. Entonces dijo Sara: "Dios me ha hecho reír, y cualquiera que lo oyere, se reirá conmigo". Y añadió: "¿Quién dijera a Abraham que Sara habría de dar de mamar a hijos? Pues le he dado un hijo en su vejez"» (Génesis 21.5-7). Esta vez, la risa de Sara fue diferente. No fue una risa cínica, ni una burla de la Palabra de Dios, sino que fue una risa de completa alegría y maravilla por lo que Dios había hecho. Era la alegría de haber tenido un hijo después de tantos años de infertilidad. Era la celebración gozosa de experimentar la voluntad de Dios después de una espera agónica de años. Era la alegría de reírse *con* Dios y no *de* Dios.

Dios le dijo a Abraham que llamara Isaac a su hijo para que ambos recordaran que Él ríe último cuando hay cinismo o duda involucrados. Sara se había reído de Dios con desconfianza. Ahora, reía con Dios en un acto de fe, al darse cuenta de que no solo los había bendecido con un hijo sino que además mantenía sus promesas.

El 2 de diciembre de 2002 el periódico *Atlanta Journal-Constitution* publicó el titular: «Un siglo de Strom Thurmond», un artículo sobre la celebración del centésimo cumpleaños del senador del gran estado de Carolina del Sur y el senador estadounidense con más años en la banca. El artículo comentaba el festejo del nonagésimo cumpleaños del senador, diez años antes. Al cumplir noventa años, algunos de los invitados expresaron su esperanza de verlo llegar a los cien, y el senador bromeó: «Si comen bien y hacen ejercicio de manera regular, no veo ninguna razón por la que no lleguen a verlo».[3] Un hombre de cien años en una banca del senado estadounidense es algo extraordinario. Ahora, ¿Tener un bebé con una mujer de noventa años a los cien? ¡Eso sí que es un milagro!

La tienda de Abraham y Sara se llenó de risa por el milagro que Dios había hecho. Cada vez que mencionaran el nombre de Isaac, sería un recordatorio de cuán confiable es Dios; sería un recordatorio de la maravillosa gracia de Dios para transformar su risa *de* Dios en risa *con* Dios.

Pero a Sara le quedaba mucho camino por recorrer para convertirse en la mujer que Dios quería que fuera.

## Otra vez la falta de fe de Sara

«Y creció el niño, y fue destetado; e hizo Abraham gran banquete el día que fue destetado Isaac» (Génesis 21.8). En aquellos días, se destetaba a los niños cuando tenían alrededor de tres años. Cuando llegó el momento, fue digno de una celebración: Isaac ya no era un bebé; era un niño.

Un día, Sara vio al medio hermano de Isaac burlándose de su hijo —algo normal de parte de un hermano mayor—. Isaac tenía unos tres años; Ismael ya era un adolescente. «Y vio Sara que el hijo de Agar la egipcia, el cual ésta le había dado a luz a Abraham, se burlaba de su hijo Isaac. Por tanto, dijo a Abraham: "Echa a esta sierva y a su hijo, porque el hijo de esta sierva no ha de heredar con Isaac mi hijo". Este dicho pareció grave en gran manera a Abraham a causa de su hijo» (Génesis 21.9-11). Las burlas de Ismael a Isaac enfurecieron a Sara. Tal vez eso le trajo recuerdos dolorosos de cuando Agar se burlaba de su infertilidad durante su embarazo de Ismael.

En lugar de responder a la situación con madurez, lo hizo con furia. Ismael era una amenaza para su hijo, Isaac, no solo físicamente, sino porque era el hijo mayor de Abraham. Aun cuando Ismael no era el hijo del pacto de Dios, a Sara le preocupaba que el muchacho intentara reclamar los privilegios especiales que le correspondían por ser el primogénito de Abraham. Además, estoy seguro de que la presencia de Ismael era un recordatorio constante de un momento en el que no había tenido fe y había decidido tomar cartas en el asunto. Con una mezcla de ira, temor, culpa y angustia, exigió a Abraham que echara a Agar y a Ismael de su casa. Esto causó gran consternación a Abraham, pues amaba a su hijo mayor.

Dios le dijo a Abraham que hiciera lo que había dicho Sara, porque sería mediante Isaac que se cumplirían sus promesas. «Entonces dijo Dios a Abraham: "No te parezca grave a causa del muchacho y de tu sierva; en todo lo que te dijere Sara, oye su voz, porque en Isaac te será llamada descendencia. Y también del hijo de la sierva haré una nación, porque es tu descendiente". Entonces Abraham se levantó muy de mañana, y tomó pan, y un odre de agua, y lo dio a Agar, poniéndolo sobre su hombro, y le entregó el muchacho, y la despidió. Y ella salió y anduvo errante por el desierto de Beerseba» (Génesis 21.12-14). Por su misericordia y compasión por Agar e Ismael, Dios también haría una gran nación de la semilla de Ismael. Abraham, triste pero obediente, hizo lo que Dios le pidió: envió lejos a Agar y a Ismael. Aun cuando esto le causaba mucho dolor, volvió a confiar en que Dios cumpliría su palabra.

Esto también nos permite comprender mejor el conflicto actual en el Medio Oriente. La contienda entre los hijos de Isaac (Israel) y los hijos de Ismael (los árabes) se remonta a una madre que creyó que Dios ayuda a quienes se ayudan a sí mismos. Los hijos de Ismael, el hijo mayor de Abraham, creyeron que se hizo una injusticia, que Ismael recibió un trato injusto, por lo que su resentimiento es comprensible. Sin embargo, el plan de Dios siempre fue construir el pueblo elegido de la fe a partir de la semilla de Isaac, el hijo del pacto.

## AGAR, LA CRIADA

Algunas personas reciben la peor parte, y Agar es una de ellas. Sabemos que era de Egipto, que era la criada de Sara y que se convirtió en la concubina de Abraham. También sabemos que dio a luz al hijo mayor de Abraham, Ismael. Esto generó graves problemas con Sara, y Abraham tampoco quedó bien parado.

Pero el libro del Génesis no nos dice nada sobre el pasado de Agar. ¿Cómo llegó de Egipto a la tierra de Canaán? Posiblemente se convirtió en la criada de Sara cuando ella y Abraham atravesaron Egipto poco tiempo después de que Abraham viera Canaán por primera vez. Después de todo, Faraón quedó tan prendado de la belleza de Sara que le dio a Abraham «ovejas, vacas, asnos, siervos, *criadas*, asnas y camellos» (Génesis 12.16; énfasis del autor), con la esperanza de ganarla como esposa. Tendría sentido que Agar fuera una de esas criadas. También puede haber sido una esclava que huyó de Egipto y acabó en Canaán. Esta es una posibilidad, ya que *Agar* significa «abandonar», «retirarse», «emigración» o «extranjera». ¿Emigró Agar a Egipto y acabó en la casa de Abraham? No lo sabemos. De hecho, es muy poco lo que sabemos sobre esta mujer. Pero, sin lugar a dudas, afectó el curso de la historia de Medio Oriente hasta nuestros días.

No sabemos nada del pasado de Agar ni de cómo llegó a la casa de Abraham y Sara, pero allí estaba. La primera vez que se la menciona es en Génesis 16.1: «Sarai mujer de Abram no le daba hijos; y ella tenía una sierva egipcia, que se llamaba Agar». Desde el momento en que se la nombra por primera vez, ya no tiene control sobre su vida.

## LA IMPOTENCIA DE AGAR

Agar era la criada y la sierva de Sara; tal vez era una especie de esclava. En la cultura antigua, estas personas no tenían derechos. La declaración estadounidense de que «todos los hombres ... son dotados por su Creador de ciertos derechos inalienables»[4] habría sido tan ajena a Agar que jamás se le cruzó una idea semejante por la cabeza. De modo que Agar no tenía ninguna clase de poder, y por lo general las personas sin poder reciben un trato injusto de quienes tienen poder sobre ellos. Este fue el caso de Agar. Cuando a Sara se le ocurrió la idea de que Agar se acostara con su esposo para tener un hijo a través de ella, Agar no pudo hacer nada para evitarlo. Al igual que sucedió con Sally Hemings, la esclava y concubina de Thomas Jefferson (una verdadera ironía, ya que Jefferson escribió la Declaración de Independencia), puede que a Agar le agradara la idea o que le pareciera repugnante, pero de cualquier modo no había nada que pudiera hacer al respecto. Al ser la esclava de Sara, no tenía derechos. Todavía no se había inventado la Comisión para la Igualdad de Oportunidades de Empleo. El acoso sexual por parte de alguien con más poder era un concepto desconocido, incluso para Agar, una mujer que allanó el camino para la maternidad sustituta. La única diferencia es que ella no cobró por sus servicios.

Pero la suerte de Agar cambió: concibió con Abraham. Por primera vez en su vida, esta bendición le dio poder sobre Sara. No se trataba de poder legal, sino emocional, y lo explotó al máximo. Tenía algo que Sara no tenía. Podía hacer algo que Sara había deseado toda su vida adulta: llevar el hijo de Abraham en su vientre. Sus expresiones de arrogancia frente a Sara enfurecieron a su señora. Sara le hizo la vida tan difícil que Agar debió huir. No pudo soportarlo más. «Y respondió Abram a Sarai: He aquí, tu sierva está *en tu mano*; haz con ella lo que bien te parezca. Y como Sarai la afligía, ella huyó de su presencia» (Génesis 16.6; énfasis del autor).

## AGAR RECIBE UN TRATO INJUSTO

Agar hizo lo que Sara quería, pero cuando llevó a cabo exitosamente su idea, recibió un trato injusto. Entonces, huyó. Una vez más, Agar hacía honor a su nombre: «abandonar», «retirarse», «emigración» o «extranjera». Agar no estaba interesada en todo eso y se encaminó a su hogar. Solo que regresar a su hogar implicaba atravesar un vasto desierto, el desierto de Shur. Si alguna vez visitaste la Tierra Santa, en particular el desierto que conecta el sur de Israel con el noreste de Egipto, sabrás que se trata de un lugar tan grande e inhóspito que las posibilidades de que alguien sobreviva sin ayuda por más de unos días son limitadas; y para una mujer embarazada sin compañía, limitadas a cero.

Durante su viaje por el desierto, Agar se detuvo junto a un manantial. El ángel del Señor se le apareció y le preguntó: «Agar, sierva de Sarai, ¿de dónde vienes tú, y a dónde vas?» (Génesis 16.8).

Nunca olvides que, cuando el Señor nos hace una pregunta, no es porque no sepa la respuesta. Por supuesto que Dios sabía de dónde venía Agar y hacia dónde se dirigía. Pero dudo que en ese momento Agar supiera que estaba hablando con el ángel del Señor. Para ella, no era más que un desconocido. Lo que sí creo es que la asustó cuando dijo su nombre y la identificó como la criada de Sara. Los esclavos fugados podían encontrarse con graves problemas. Agar le contestó con total sinceridad: «Huyo de delante de Sarai mi señora» (Génesis 16.8). Entonces, el ángel del Señor le dio una orden: «Vuélvete a tu señora, y ponte sumisa bajo su mano» (v. 9). Ahora bien, eso era lo último que Agar quería escuchar de un desconocido en el desierto. Después de todo, Sara había hecho de su vida un infierno.

Pero entonces Agar se dio cuenta de que el extraño no era un hombre común; ni siquiera un ángel común. Génesis 16.10 dice: «Le dijo también el ángel de Jehová: "Multiplicaré tanto tu descendencia, que no podrá ser contada a causa de la multitud"». Los ángeles no tienen semejante poder. Solo el mismísimo Dios puede hacer esto. He aquí otra teofanía. No lo olvides: en muchas ocasiones, la aparición del «ángel del Señor» en el Antiguo Testamento es una aparición preencarnada de Jesucristo, el Creador de todas las cosas.

¡Qué profecía! Aquí está esta mujer pobre, impotente, sola y triste en el desierto, con pocas esperanzas, y Dios le dice que será la madre de muchos descendientes, «que no podrán ser contados». El ángel del Señor le dijo:

*He aquí que has concebido,*

*y darás a luz un hijo* [cosa que Agar no sabía,

puesto que en esa época no contaban con ecografías],

*y llamarás su nombre Ismael* [«Dios oye»],

*porque Jehová ha oído tu aflicción.*

(Génesis 16.11)

Agar debe de haberle estado orando al Dios de Abraham. Cuando estaba tocando fondo, sintiéndose del todo impotente, se enteró de que el Dios todopoderoso del universo había oído sus plegarias. Es como si Dios nos escuchara mejor cuando ya no tenemos fuerzas, cuando estamos impotentes y no tenemos adónde ir.

El ángel prosiguió con su descripción de Ismael, el bebé que crecía en el vientre de Agar:

*Y él será hombre fiero* [suficiente para sobresaltar
a una madre primeriza];
*su mano será contra todos,*
*y la mano de todos contra él,*
*y delante de todos sus hermanos habitará.* (Génesis 16.12)

¡Qué profecía para los herederos de Ismael (y los suyos), asentarse en el desierto árabe, al este de la tierra de Canaán! Inquietos árabes beduinos siempre en movimiento, con constantes conflictos tribales. Miles de años más tarde, uno de esos árabes, llamado Mahoma, llevó esto a un extremo aun mayor cuando fundó el islamismo. Sus descendientes, los sunitas y chiitas, todavía siguen luchando. Prácticamente todos los días escuchamos en las noticias informes sobre bombarderos suicidas en el Medio Oriente —ya sean los chiitas contra los sunitas, los sunitas contra los chiitas, o cualquiera de los dos contra cualquier otro al que odien o que tenga la mala suerte de estar en su camino—. La profecía sigue cumpliéndose en nuestros días.

En ese momento, Agar supo que Dios le estaba mostrando su misericordia, por lo que le dijo a Dios: «"Tú eres Dios que ve"; porque dijo: "¿No he visto también aquí al que me ve?"» (Génesis 16.13). La mujer que venía perdiendo tuvo un golpe de suerte. «Y Agar dio a luz un hijo a Abram, y llamó Abram el nombre del hijo que le dio Agar, Ismael. Era Abram de edad de ochenta y seis años, cuando Agar dio a luz a Ismael» (Génesis 16.15-16).

Agar creyó en la Palabra de Dios, la obedeció, regresó con Abraham movida por la fe y le contó lo que Dios le había dicho por medio del ángel. Abraham le creyó y la recibió nuevamente en su casa. Al darse cuenta de que Agar había oído la Palabra de Dios, Abraham llamó Ismael a su hijo.

Evidentemente, las dificultades entre Agar y Sara se apaciguaron. Hicieron las paces, o al menos convivieron por unos dieciséis años. Pero tres años después de que Dios le diera a Abraham y Sara el largamente prometido hijo del pacto, Isaac, los resentimientos entre Sara y Agar regresaron con la fuerza de la venganza. El día de la fiesta de destete de Isaac (el equivalente antiguo de una fiesta de cumpleaños infantil), Sara vio a Ismael, el hijo de Agar —a la sazón de dieciséis años— burlarse de Isaac, de apenas tres. Esto enfureció a Sara, que exigió a Abraham que echara a Agar e Ismael de su casa. «Por tanto, dijo a Abraham: Echa a esta sierva y a su hijo, porque el hijo de esta sierva no ha de heredar con Isaac mi hijo» (Génesis 21.10).

A Abraham no le agradaba la idea de echar a su hijo mayor y sabía que eso además era injusto con Agar. Pero Dios le dijo que hiciera lo que le había dicho Sara. En términos humanos, era una injusticia. A veces lo que Dios nos lleva a hacer puede parecer no tener sentido en su momento. A Abraham le parecía mal y, sin lugar a dudas, Agar e Ismael pensaban lo mismo.

Los adolescentes son rápidos para señalarles a sus padres lo que les parece injusto, y dudo que Ismael fuera diferente. Pero Dios tenía su plan perfecto para Abraham, Sara e Isaac y también su plan permisivo al hacer que Agar e Ismael se fueran de la casa de Abraham y Sara por el pecado que estos últimos habían cometido. Agar e Ismael debían aprender a ser completamente dependientes de Él.

Abraham les dio un poco de pan y agua y les abrió la puerta para que se marcharan. Eso no es suficiente para sobrevivir en el desierto. Una vez más, Agar se encontró en una situación desesperada y de impotencia. Una vez más, le tocó la peor parte —y, esta vez, también a su hijo—. Fíjate lo que nos dice la Palabra de Dios: «Y le faltó el agua del odre, y echó al muchacho debajo de un arbusto, y se fue y se sentó enfrente, a distancia de un tiro de arco; porque decía: "No veré cuando el muchacho muera". Y cuando ella se sentó enfrente, el muchacho alzó su voz y lloró» (Génesis 21.15-16). Se sentía desesperada; esperaba la muerte.

Sin embargo, una vez más la Palabra de Dios nos recuerda que cuando llegamos al límite de nuestras fuerzas, Él se pone a trabajar con mayor ahínco. Mientras Agar lloraba y esperaba la muerte, Dios le habló desde el cielo. «¿Qué tienes, Agar?» (Génesis 21.17). Recuerda: Dios nunca hace preguntas cuyas respuestas desconoce, pero estoy seguro de que esta le causó enfado. Probablemente haya dicho algo como «¿Que qué tengo? *¿Que qué tengo?* Estamos aquí sentados, esperando que nos llegue la muerte porque nos han tratado muy injustamente ¿y tú me preguntas qué tengo?»

Entonces, Dios dijo: «"No temas; porque Dios ha oído la voz del muchacho en donde está. Levántate, alza al muchacho, y sostenlo con tu mano, porque yo haré de él una gran nación". Entonces Dios le abrió los ojos, y vio una fuente de agua; y fue y llenó el odre de agua, y dio de beber al muchacho» (Génesis 21.17-19). Ismael: «Dios oye». ¿Cómo pudo olvidarlo Agar, especialmente cuando Dios la había asistido quince años antes cuando se encontraba en un apremio similar? Pero Agar, como todos nosotros, olvidó que Dios había cubierto sus necesidades en el pasado y se enfocó en la situación que la abrumaba en el presente. Las circunstancias y los problemas pueden cegar nuestra fe en Dios y causarnos amnesia espiritual.

Dios le dijo a Agar que tomara a su hijo de la mano y lo alzara y le recordó la promesa que le había hecho dieciséis años atrás cuando le dijo que la bendeciría mediante Ismael con más descendientes de los que pudiera contar. Entonces, Dios la guió hasta donde había agua y cubrió sus necesidades inmediatas —cosa que haría todos los días de sus vidas—. Es evidente que Dios quería que Agar e Ismael confiaran en Él día a día. Como era de esperar, Dios cubrió sus necesidades y los cuidó, e Ismael creció para convertirse en un hombre fuerte e «indomable».

## LECCIONES DE DOS MUJERES

Dios mantiene su palabra. Sus promesas son ciertas. Eso fue lo que sucedió con Abraham y Sara y lo que sucedería también con Agar e Ismael. A veces, sus tiempos no son los que nosotros elegiríamos. Solemos ponernos impacientes y cínicos y perder la fe. Pero el tiempo de Dios siempre es perfecto: siempre llega justo a su tiempo.

Las religiones que proclaman la autoayuda no son una verdadera fe. Creerle más a Benjamin Franklin que a la Palabra de Dios puede traer

cantidad de problemas y complicaciones. La cuestión aquí es que intervenir en la situación para ayudar a Dios —aun con buenas intenciones—,
no es un acto de fe. Es un pecado. Fe es creer persistentemente en Dios y
en su palabra. Aun cuando pecamos Dios, misericordioso y compasivo,
sigue operando en nuestras vidas para llevar a cabo su plan definitivo.
Sin embargo, nuestros pecados igualmente tienen consecuencias; Dios no
nos libra de ellas. Cuando Abraham y Sara siguieron la filosofía de que
«Dios ayuda a quienes se ayudan a sí mismos», el resultado fueron las
consecuencias que todavía podemos ver en el Medio Oriente.

Pero Dios también es misericordioso con las personas victimizadas
por el pecado, como Agar e Ismael. El nacimiento de Ismael no fue lo que
Dios había planeado, pero ocurrió, y Dios dio su palabra de que también
construiría una gran nación a partir de Ismael.

> *Padre de huérfanos y defensor de viudas,*
> *es Dios en su santa morada.*
> *Dios hace habitar en familia a los desamparados.* (Salmos 68.5-6)

Cuando Dios cumple su promesa, sobre todo cuando esa promesa
tarda mucho tiempo en hacerse realidad, trae mucha alegría. Una alegría
movida por el asombro, por la gratitud. Alegría por su gracia, porque a
pesar de nuestros defectos y errores, nuestra falta de fe y nuestros pecados, su plan soberano se cumplirá.

Sara tuvo muchas debilidades, pero al final Dios la transformó en una
verdadera mujer de fe. En el nuevo pacto, se la describe de esta manera: «Por
la fe también la misma Sara, siendo estéril, recibió fuerza para concebir; y
dio a luz aun fuera del tiempo de la edad, porque creyó que era fiel quien lo
había prometido. Por lo cual también, de uno, y ése ya casi muerto, salieron
COMO LAS ESTRELLAS DEL CIELO EN MULTITUD, Y COMO LA ARENA INNUME-
RABLE QUE ESTÁ A LA ORILLA DEL MAR» (Hebreos 11.11-12).

Si pudo sucederle a Sara, también puede sucedernos a nosotros.
Mientras tanto, cuanto antes aprendamos a confiar en la Palabra de Dios
más que en la de Ben Franklin, más sufrimiento podremos ahorrarle a los
demás y a nosotros mismos.

# 4

## RIVALIDAD ENTRE HERMANOS
### Isaac e Ismael

*Y creció el niño, y fue destetado; e hizo Abraham gran banquete el día que fue deste-*
*tado Isaac. Y vio Sara que el hijo de Agar la egipcia, el cual ésta le había dado a luz a*
*Abraham, se burlaba de su hijo Isaac.*

—GÉNESIS 21.8-9

¿Alguna vez tuviste que lidiar con la rivalidad entre hermanos, ya fuera entre tus hijos o entre tú y tus propios hermanos? Parece ser un problema más pronunciado entre hermanos del mismo sexo y con poca diferencia de edad, y por lo general se agudiza cuando uno cree ver la injusticia de que se favorece al otro. Todos los padres de más de un hijo escucharon alguna vez el grito «¡no es justo!» de boca de alguno de sus hijos. Lo cierto es que, a veces, tienen razón. La vida puede ser injusta. La rivalidad fraternal puede llevar a la envidia, la ira, el resentimiento, el odio, la venganza y, la peor de las posibilidades, el asesinato. Después de todo, la rivalidad entre hermanos es tan vieja como el hombre.

La primera familia, Adán y Eva, tenía dos hijos. El mayor, Caín, ase-sinó a su hermano menor, Abel, en una explosión de venganza porque sentía que Dios lo trataba injustamente. ¿Por qué? Porque Dios había visto con buenos ojos el sacrificio de Abel y no el de Caín (Génesis 4.1-8). El resentimiento motivado por la envidia de Caín en la primera familia de la historia es un ejemplo extremo de rivalidad entre hermanos.

Sin embargo, la rivalidad fraternal es más peligrosa y generalmente causa más divisiones en las familias reconstituidas. Es frecuente que los niños que viven bajo el mismo techo con medios hermanos —es decir, con solo uno de los padres en común— sientan que compiten por un lugar. Las injusticias y desaires percibidos se ven agravados cuando el hijastro de uno de los padres siente que su padrastro trata mejor a su hijo natural que a él. Más del cincuenta por ciento de los estudiantes de escuelas públicas en Estados Unidos viene de hogares monoparentales.[1] Ese tipo de hogares es un buen caldo de cultivo para una rivalidad fraterna exacerbada.

Las familias reconstituidas del mundo actual nos dan una muy buena idea de cómo era crecer en familias poligámicas, con el mismo padre y diferentes madres. Este es el tipo de familia en la que vivieron Isaac e Ismael por algunos años, y el impacto de la rivalidad entre estos dos medio hermanos sigue resonando día a día en el conflicto de Medio Oriente.

## LA RIVALIDAD COMIENZA CON LA CONCEPCIÓN

Las semillas del conflicto sembradas por la rivalidad entre estos dos hermanos tienen su origen en el momento de su concepción. Esto se explica en el libro del nuevo pacto de Gálatas, escrito por el apóstol San Pablo. «Porque está escrito que Abraham tuvo dos hijos; uno de la esclava, el otro de la libre. Pero el de la esclava nació según la carne; mas el de la libre, por la promesa» (Gálatas 4.22-23). Isaac era el hijo prometido largamente esperado; el hijo de Dios mediante el que cumpliría su pacto con Abraham de crear una gran nación. Ismael nació según la carne cuando Sara creyó que necesitaba ayudar a Dios con su plan, dado que sus días fértiles habían pasado hacía tiempo.

La concepción de Isaac fue sobrenatural, mientras que la de Ismael fue natural. La de Isaac fue producto de la fe; la de Ismael, de la falta de fe. La concepción de Isaac probó la confiabilidad de la Palabra de Dios; la de Ismael demostró la falta de confianza en la Palabra de Dios de Sara y Abraham. La concepción de Isaac nos recuerda que Dios desea que la familia crezca; la de Ismael nos muestra cómo es una familia que resulta del pecado de un hombre. El contraste entre la concepción de ambos no podría ser más marcado. Era un campo de cultivo natural para un conflicto que llevaría a la envidia, al resentimiento, a la inseguridad y al rechazo. En la Palabra de Dios, este es un recordatorio eterno de que debemos confiar en Él y esperar su tiempo en lugar de interferir en sus planes.

## LA RIVALIDAD ES COMPRENSIBLE

El resentimiento de Ismael con su hermano menor era comprensible. Ismael no tuvo nada que ver con la forma en que fue concebido. Como ya hemos visto, su nacimiento ocurrió debido a una práctica admitida en el mundo antiguo según la cual era aceptable que el esposo de una mujer infértil se acostara con la sierva de su esposa para tener un heredero legal. Si bien era una práctica legítima y aceptada, esa nunca fue la voluntad de Dios para Abraham y Sara. Dios nunca pensó en la poligamia ni en la maternidad sustituta como alternativas para el matrimonio y la familia.

La intención de Dios en lo que al matrimonio respecta se describe claramente en el primer matrimonio, el de Adán y Eva. Cuando Dios (el Padre original de la novia) creó a Eva a partir de Adán y se la entregó, Adán estuvo encantado. Luego, Dios dijo: «Por tanto, dejará el hombre a su padre y a su madre, y se unirá a su mujer, y serán una sola carne» (Génesis 2.24). Dios es claro: Su idea del matrimonio es entre un hombre y una mujer. No un hombre y varias mujeres; no un hombre y otro hombre; no una mujer y varios hombres. Su concepto de matrimonio es solo entre un hombre y una mujer, hasta que la muerte los separe.

Jesús reiteró esta intención cuando le preguntaron sobre el divorcio. Para responder, habló sobre el matrimonio:

Entonces vinieron a él los fariseos, tentándole y diciéndole: «¿Es lícito al hombre repudiar a su mujer por cualquier causa?» Él, respondiendo, les dijo: «¿No habéis leído que el que los hizo al principio, VARÓN Y HEMBRA los hizo, y dijo: "POR ESTO EL HOMBRE DEJARÁ PADRE Y MADRE, Y SE UNIRÁ A SU MUJER, Y LOS DOS SERÁN UNA SOLA CARNE?" Así que no son ya más dos, sino una sola carne; por tanto, lo que Dios juntó, no lo separe el hombre». (Mateo 19.3-6)

Los líderes religiosos querían saber cuándo estaba permitido el divorcio, y la respuesta de Jesús fue sobre la santidad del matrimonio. Jesús sabía que el divorcio nunca había sido la intención original de Dios; solo estaba permitido por los endurecidos corazones pecadores de los hombres. Entonces, Jesús citó Génesis 2.24: la idea de Dios fue que el matrimonio fuera entre un hombre y una mujer. Punto.

De modo que el pobre Ismael fue la víctima del pecado de un hombre desde el momento de su concepción. Su nacimiento no fue un reflejo del mejor plan que Dios tenía para Sara, pero lo permitió debido a lo débil de la fe del matrimonio.

## LA SUPUESTA VENTAJA DEL PRIMOGÉNITO

Como hijo mayor, Ismael sin duda esperaba un trato especial. Tradicionalmente, en el mundo antiguo el hijo mayor recibía un trato preferencial: recibía más honores, más responsabilidades y dos partes de la herencia familiar —a diferencia de todos los demás hermanos, que recibían solo una—.[2] Más adelante, la ley mosaica (o ley de Moisés) legalizaría este trato preferencial en Deuteronomio 21.17: «Mas al hijo de la aborrecida reconocerá como primogénito, para darle el doble de lo que correspondiere a cada uno de los demás; porque él es el principio de su vigor, y suyo es el derecho de la primogenitura». Probablemente, esto era algo que Ismael sabía desde pequeño. Es posible que cuando se encontraba con adultos amigos de Abraham, estos le sonrieran y dijeran cosas como:

«Ah, el hijo mayor. Serás doblemente bendecido». De modo que Ismael creció con la sensación de que tenía ciertos derechos como hijo mayor de Abraham, aun cuando esta fuera solo una sensación.

Durante trece años, Ismael fue el único hijo de Abraham. Seguramente habrán tenido una relación especial. Recuerda que cuando Dios se le apareció a Abraham para reiterarle su promesa de que le daría el hijo tan largamente prometido, Abraham no solo se postró sobre su rostro y rió con escepticismo ante la imposibilidad fisiológica de que él y Sara tuvieran un hijo juntos, sino que agregó: «Ojalá Ismael viva delante de ti» (Génesis 17.18). La respuesta de Abraham no solo revela su falta de fe en la promesa de Dios, sino también la afinidad natural que había desarrollado por Ismael, su primogénito. Estoy seguro de que Ismael era consciente de ello.

## EL PUNTO ÁLGIDO

Como vimos en el capítulo anterior, la rivalidad entre los hermanos llegó a su punto máximo cuando Ismael tenía dieciséis años, e Isaac, unos tres. «Y creció el niño [Isaac], y fue destetado; e hizo Abraham gran banquete el día que fue destetado Isaac» (Génesis 21.8). En la antigüedad, se destetaba a los niños alrededor de los tres años y se hacía una gran celebración familiar por el acontecimiento.[3] El pequeño pasaba de la infancia a la niñez, y el motivo del festejo era que muchos niños morían durante sus primeros años. Si el niño llegaba a esa edad, tenía buenas posibilidades de llegar a adulto.

Ismael, a los dieciséis años, ya era lo suficientemente grande como para saber que, dado que Isaac era hijo de Sara —esposa de Abraham—, y no de su misma madre, Agar —sierva de Sara—, Isaac gozaba de una posición especial en el hogar. Esto debe de haber hecho que su propia condición de «hijo mayor» se viera amenazada. De modo que en este importante día de la vida de Isaac, Ismael se burló de él tal como suelen hacer los hermanos mayores con los menores; sobre todo cuando creen que sus hermanos más pequeños reciben demasiada atención.

Sara vio la situación y se enfureció. «Y vio Sara que el hijo de Agar la egipcia, el cual ésta le había dado a luz a Abraham, se burlaba de su hijo Isaac. Por tanto, dijo a Abraham: "Echa a esta sierva y a su hijo, porque el hijo de esta sierva no ha de heredar con Isaac mi hijo"» (Génesis 21.9-10). Como primogénito, Ismael era una amenaza para el futuro de su hijo. Además, era un recordatorio vivo de su anterior falta de fe en las promesas de Dios. Con una mezcla de protección —al estilo «mamá osa»— y culpa —por su desconfianza en que se cumpliera la voluntad de Dios—, Sara reaccionó a la risa de Ismael con furia apasionada. Él y su madre, su fiel sierva por tantos años, debían marcharse.

Abraham no estaba contento con la situación. «Este dicho pareció grave en gran manera a Abraham a causa de su hijo» (Génesis 21.11). Amaba a Ismael, y sabía que eso era injusto tanto para él como para su madre. Sin embargo, Dios sorprendentemente coincidió con Sara y le dijo a Abraham: «No te parezca grave a causa del muchacho y de tu sierva; en todo lo que te dijere Sara, oye su voz, porque en Isaac te será llamada descendencia. Y también del hijo de la sierva haré una nación, porque es tu descendiente» (Génesis 21.12-13).

Ponte en el lugar de Ismael: un joven de dieciséis años que ama a su padre, a quien de repente echan de casa. Se trata de una gran injusticia. ¿Imaginas a Ismael diciendo: «¡No es justo! ¡Soy tu hijo mayor! ¡No puedo creer que me hagas esto por ese mequetrefe!»?

Mi esposa y yo tenemos tres hijos. Como la mayoría de los padres, por lo general fuimos más permisivos con nuestros hijos más pequeños. ¡Cuántas veces habremos oído a los mayores decir «no es justo» cuando le permitimos al menor hacer cosas que ellos nunca habían hecho! Aun así, Abraham cumplió con lo que le dijeron debido a su obediencia y su confianza en la Palabra de Dios y al deseo de complacer a su esposa.

Nada enfurece más a un adolescente que la sensación de que sus padres lo tratan injustamente y lo rechazan. Pregúntale a cualquier hijo de una pareja divorciada qué siente cuando uno de sus padres lo abandona. Es un desaire que muchos hijos adultos resienten durante toda la vida. Pero lo que echa más leña al fuego del resentimiento es cuando un hijo ve que su padre maltrata a su madre. «Entonces Abraham se levantó muy de mañana, y tomó pan, y un odre de agua, y lo dio a Agar, poniéndolo sobre su hombro, y le entregó el muchacho, y la despidió. Y ella salió y anduvo errante por el desierto de Beerseba. Y le faltó el agua del odre, y echó al muchacho debajo de un arbusto, y se fue y se sentó enfrente, a distancia de un tiro de arco; porque decía: "No veré cuando el muchacho muera". Y cuando ella se sentó enfrente, el muchacho alzó su voz y lloró» (Génesis 21.14-16). ¿Puedes imaginar lo que habrá sentido este joven cuando vio que trataban así a su madre? Imagina su furia impotente por no poder hacer nada para ayudarla en ese momento de desesperanza mientras se acababa el agua, mientras aguardaban a la muerte en el desierto.

Dios le había profetizado a Agar que su hijo sería «como un burro salvaje». A los dieciséis años, Ismael probablemente ya tenía un espíritu inquieto e inseguro, listo para luchar ante cualquier desaire. Pero imagina el impacto que tuvo en él el rechazo de su padre. Supongo que estaba furioso por la manera en que este trató a Agar. No es de extrañar que la profecía de Dios en cuanto a la vida de Ismael y sus herederos se acrecentara. Toda su vida y su legado estarían impulsados por el resentimiento y la ira ocasionados por el trato injusto que había recibido su madre. Sus descendientes (los árabes) retomarían esos sentimientos y heredarían la ira y el rencor de la rivalidad fraterna contra Isaac y sus herederos (los judíos) que persiste hasta nuestros días. De Ismael vienen los árabes; de Isaac, los judíos.

## ISAAC, EL HIJO DEL PACTO

Dios siempre mantiene sus promesas. Siempre. Su palabra es digna de confianza. El plan de Dios para Isaac siempre fue que fuera el hijo del pacto, aunque a Abraham y a Sara les costó creerlo por su avanzada edad. Pero el plan de Dios siempre se impone. «Visitó Jehová a Sara, como había dicho, e hizo Jehová con Sara como había hablado. Y Sara concibió y dio a Abraham un hijo en su vejez, en el tiempo que Dios le había dicho. Y llamó Abraham el nombre de su hijo que le nació, que le dio a luz Sara,

Isaac» (Génesis 21.1-3). El nacimiento de Isaac les recuerda a las personas de fe que cuando Dios dice que algo sucederá, sucederá. Cuando nos enfrentamos con desafíos y problemas insuperables en la vida, esto nos da un gran alivio y aliento.

Dios usaría la semilla de Abraham a través de Sara para construir una gran nación: el pueblo del pacto, más tarde llamado Israel. Dios no eligió a Agar e Ismael para esta tarea mediante una treta urdida por el hombre para ayudar a Dios. Dios no eligió a Egipto, la nación más poderosa de la tierra, al darle un hijo a Faraón. Dios eligió a una pareja humilde con una fe extraordinaria para comenzar a cumplir la promesa que le había hecho a Abraham de que construiría una gran nación a partir de su semilla. Dios volvió a aparecérsele a Abraham para darle la seguridad de que cumpliría su palabra cuando, en Génesis 17.16, se refirió a Sara diciendo: «Y la bendeciré, y también te daré de ella hijo». Abraham no pudo creerlo y hasta se echó a reír ante lo absurdo de semejante afirmación, dado que tenía noventa y nueve años, y Sara, ochenta y nueve. Sin embargo, Dios mantuvo su palabra y cumplió su promesa, del mismo modo que lo hace con todos los seguidores que confían en Él y creen en las promesas de su palabra.

## NADA HAY IMPOSIBLE PARA DIOS

El nacimiento de Isaac nos recuerda que nada es imposible para Dios. Cuando me convertí en el primer pastor de nuestra iglesia, la congregación estaba conformada por unas veinte familias que se reunían en un consultorio médico vacío. No teníamos edificio propio, si bien ya habíamos pagado un anticipo por un predio en una excelente ubicación en nuestra comunidad. Hacia finales del primer año, 1982, faltaban un par de meses para que tuviéramos que hacer el primer pago anual que le permitiría al banco liberar el permiso para construir nuestro primer lugar permanente de adoración. Pasaban los días, y necesitábamos reunir más de 50,000 dólares antes de fin de año. Le dimos un dólar a cada uno de los niños, les contamos la parábola de los talentos y los alentamos a que tomaran el dólar del Señor, lo multiplicaran y trajeran sus ganancias al Señor el domingo anterior a la fecha en que debíamos hacer el pago. Les pedimos a todas las familias que comenzaran a preguntarse en oración acerca de lo que el Señor quería que donaran a la iglesia ese domingo. Recuerdo que mi esposa y yo llegamos a una cifra muy extraña.

El domingo en que debíamos hacer esas ofrendas especiales, los veinte o treinta niños trajeron varios cientos de dólares que habían ganado al invertir el dólar que les habíamos entregado mediante tareas como comprar combustible, cortar el césped o comprar materiales para hacer artesanías y vendérselas a sus vecinos. Había emoción y expectativa en el ambiente. Al final del servicio, el encargado de las finanzas anunció que la congregación había reunido *la cantidad exacta* necesaria para el pago del terreno. Quedamos boquiabiertos, por un momento reinó el silencio. Nadie podía articular palabra. Cuando Dios opera de manera sobrenatural, inexplicable, sobreviene un asombro sagrado que nos deja mudos. Asombrados, intentábamos comprender que Dios había hecho lo imposible al llevarnos a cada uno de nosotros a donar el importe exacto que necesitábamos para cumplir nuestro objetivo, incluidos los varios cientos de dólares que trajeron los niños. Eso encendió la fe de nuestra joven congregación y nos dijo que Dios definitivamente quería una nueva iglesia en nuestra comunidad. En el relato de la historia del nacimiento sobrenatural de Isaac, la Biblia nos recuerda que no existe nada imposible para Dios.

Cuando Isaac tenía unos doce años, Dios le pidió a Abraham que lo sacrificara. Ten en cuenta que este era el hijo mediante el cual Dios había prometido construir una gran nación. «Aconteció después de estas cosas, que probó Dios a Abraham, y le dijo: "Abraham". Y él respondió: "Heme aquí". Y dijo: "Toma ahora tu hijo, tu único, Isaac, a quien amas, y vete a tierra de Moriah, y ofrécelo allí en holocausto sobre uno de los montes que yo te diré"» (Génesis 22.1-2).

Este pasaje de la Biblia cuenta una historia terrible, difícil de digerir para cualquier persona que tenga hijos. Dios nunca pretendió que Abraham sacrificara a su hijo, solo quería saber si Abraham lo pondría a Él antes que a Isaac. Quería ver si Abraham estaba dispuesto a dejar ir la gran bendición que había recibido de Dios, bendición que era fundamental para el cumplimiento de sus promesas. Al obedecerlo, Abraham demostró su amor por Dios, por lo que en el último momento el Señor le dijo que se detuviera. «Entonces el ángel de Jehová le dio voces desde el cielo, y dijo: "Abraham, Abraham". Y él respondió: "Heme aquí". Y dijo: "No extiendas tu mano sobre el muchacho, ni le hagas nada; porque ya conozco que temes a Dios, por cuanto no me rehusaste tu hijo, tu único"» (Génesis 22.11-12).

Después de detener a Abraham, Dios le entregó un carnero para que sacrificara en lugar de su hijo. Luego, reiteró su promesa:

> Y llamó el ángel de Jehová a Abraham por segunda vez desde el cielo, y dijo: «Por mí mismo he jurado, dice Jehová, que por cuanto has hecho esto, y no me has rehusado tu hijo, tu único hijo; de cierto te bendeciré, y *multiplicaré tu descendencia* como las estrellas del cielo y como la arena que está a la orilla del mar; y tu descendencia poseerá las puertas de sus enemigos. *En tu simiente* serán benditas todas las naciones de la tierra, por cuanto obedeciste a mi voz». (Génesis 22.15-18; énfasis del autor)

Abraham demostró una gran fe, al igual que Isaac, al estar dispuesto a ser sacrificado en obediencia a la voluntad de su Padre. ¡Menudo presagio de lo que sucedería después!

## UN PRESAGIO

En muchos sentidos, la vida de Isaac es un presagio de la vida de Cristo. Ambos fueron los hijos prometidos a sus padres terrenales por un ángel del Señor. Ambos fueron concebidos de manera sobrenatural, demostrando así que no hay nada imposible para Dios. Ambos fueron hijos largamente prometidos mediante los cuales Dios construiría un pueblo de fe. El nacimiento de ambos sería una bendición para las naciones. Al estar dispuesto a ser sacrificado para cumplir la voluntad de su padre, Isaac prefiguró el sacrificio de Jesús en la cruz para cumplir la voluntad de su padre. Por último, ambos eran hijos del pacto: mediante Isaac, Dios inició el antiguo pacto con el pueblo de Dios, y Jesús fue enviado por Dios para comenzar el nuevo pacto con todas las personas que confiaban en Él. Ciertamente, los planes que Dios tenía para Isaac y para Jesús se convirtieron en una bendición para las naciones.

## El encuentro entre Isaac e Ismael

Los planes que Dios tenía para Isaac eran muy distintos de los que tenía para Ismael. Después de setenta y dos años de separación y distanciamiento, Isaac e Ismael volvieron a encontrarse. Eso sucedió a la muerte de Abraham. «Y éstos fueron los días que vivió Abraham: ciento setenta y cinco años. Y exhaló el espíritu, y murió Abraham en buena vejez, anciano y lleno de años, y fue unido a su pueblo. Y lo sepultaron Isaac e Ismael sus hijos en la cueva de Macpela, en la heredad de Efrón hijo de Zohar heteo, que está enfrente de Mamre» (Génesis 25.7-9). Muchas veces, al preparar un funeral, la familia del difunto se reúne en mi oficina antes del servicio. En muchas ocasiones, un miembro de la familia señala a un hermano o hijo al que no ha visto o con el que no ha hablado en años, con el que la muerte de un padre vuelve a reunirlo. Esos años de distanciamiento siempre me causan tristeza. Eso fue lo mismo que sucedió con Isaac e Ismael. Isaac finalmente se encuentra con el hermano al que apenas conocía. Tenía setenta y cinco años, e Ismael, ochenta y ocho. ¿Cómo crees que se sintieron Isaac e Ismael ese día, tras tantos años de separación? Tristemente, su encuentro duraría poco; no se produjo una reconciliación duradera. Sus herederos en el Medio Oriente son un testimonio continuo de ello.

En diciembre de 2003, una maestra jubilada de setenta y ocho años de California, llamada Essie May Washington, fue presentada ante el público estadounidense. Lo excepcional de su historia era que era la hija desconocida del senador Strom Thurmond de Carolina del Sur, que había fallecido recientemente a los cien años. Thurmond forjó su carrera como gobernador segregacionista a ultranza y como el senador estadounidense con más años de servicio parlamentario. Lo más sensacional de la historia es que Essie May es de color. Cuando yo asistía a la Universidad de Carolina del Sur a comienzo de los setenta, todo el mundo bromeaba respecto al senador diciendo que el «viejo Strom» era como Abraham, puesto que se casó con su segunda esposa cuando ella tenía alrededor de veinte años y él, más de sesenta. El senador acabó teniendo cuatro hijos con esta segunda esposa. Pero ignorábamos en qué sentidos el «viejo Strom» se parecía a Abraham realmente. Cuando era más joven, tuvo su primer hijo con la criada afroamericana de su adinerada familia. En 2003, después de la muerte de Strom, esa hija se presentó en sociedad y sorprendió a los reporteros cuando dijo que no tenía resentimientos. A diferencia de lo que había sucedido entre Abraham e Ismael, el «viejo Strom» se había mantenido en contacto con ella y la había ayudado con sus necesidades económicas durante sus estudios.

Pero Abraham no hizo nada parecido. De hecho, la Palabra de Dios dice, sobre el funeral de Abraham, que este legó todos sus bienes a Isaac. «Y sucedió, después de muerto Abraham, que Dios bendijo a Isaac su hijo; y habitó Isaac junto al pozo del Viviente-que-me-ve» (Génesis 25.11). Después de tantos años de distanciamiento, Ismael se presenta en el funeral de su padre y otra vez le toca la peor parte. ¿Cómo supones que se sintió? ¿Cómo crees que se sintieron sus hijos al escuchar esta historia cuando se asentaban en Arabia, según documenta la Biblia en Génesis 25.12-18?

Resulta interesante notar que, según la forma en que se desarrolló la historia, el resentimiento parece más centrado en Isaac y sus herederos que en el padre Abraham. Los árabes islámicos consideran afectuosamente a Abraham el padre de su fe, pero sienten gran resentimiento por los herederos de Isaac (Israel y los judíos). Este resentimiento se intensificó en 1948 cuando la Organización de las Naciones Unidas le entregó a Israel un territorio nacional en Palestina, unos mil trescientos años después de que los herederos de Ismael hubieran reclamado esas tierras durante la conquista árabe musulmana de Jerusalén.

Una vez más, los herederos de Ismael estaban furiosos y profundamente resentidos con los herederos de Isaac. Todo parecía muy injusto, y todo había comenzado muchos años atrás con una rivalidad entre hermanos surgida del pecado de su padre; un aleccionador recordatorio de las consecuencias que el pecado de un hombre puede tener a largo plazo.

# 5

## ¿QUIÉN ES EL PREFERIDO?
### Isaac y Rebeca; Esaú y Jacob

*Y amó Isaac a Esaú, porque comía de su caza; mas Rebeca amaba a Jacob.*
—GÉNESIS 25.28

S i tienes más de un hijo, conocerás la tentación de tener favoritismos. Se trata de una tendencia natural; después de todo, los hijos
también son personas, y nos sentimos más inclinados a ciertas
personas que a otras. Pero el favoritismo paternal es una tentación en la
que ningún padre quiere caer, ya que genera tensiones y resentimientos
tanto en la relación padre-hijo como en las relaciones entre hermanos. Es
más, esto fue lo que sucedió con los hijos de Isaac.

Isaac, el hijo de Abraham, halló una bella esposa llamada Rebeca.
Técnicamente, el fiel siervo de su padre la había encontrado para que
fuera su esposa, y a Isaac le encantó la elección. Era una dulzura. Desde
el día en que Isaac vio a Rebeca, se enamoró a primera vista. Isaac había
esperado cuarenta años para casarse, y había valido la pena. «Y tomó a
Rebeca por mujer, y la amó» (Génesis 24.67).

Pero Isaac y Rebeca tenían un problema. Como tantas otras de las grandes mujeres de fe de la Biblia, Rebeca era infértil, y pasaron veinte años sin tener un hijo. Eso era un problema, especialmente porque Dios le había prometido al padre de Isaac que a partir de su semilla crearía una gran nación. Eso no solo significaba que Abraham y Sara debían tener un hijo, sino que ese heredero también debía tener descendencia. Pero tras veinte años de matrimonio, Isaac no tenía ni hijo ni heredero.

A diferencia de sus padres, Isaac no cometió el error de intervenir en el asunto con la intención de ayudar a Dios, sino que hizo lo correcto: le pidió a Dios en sus oraciones que «abriera la matriz» de su esposa, Rebeca, y luego esperó que Dios cumpliera su promesa. Dios respondió la plegaria de Isaac, y Rebeca quedó embarazada. Todo parecía estar saliendo a pedir de boca.

Pero con la concepción llegaron los problemas. En la actualidad, la ciencia médica todavía está desconcertada en cuanto a la razón por la que algunas mujeres tienen embarazos pésimos, y otras no. También se pregunta por qué algunas mujeres con embarazos terribles dan a luz a hijos muy saludables, mientras que otras con embarazos sencillos tienen hijos con toda clase de problemas de salud.

Embarazada de gemelos, Rebeca sufrió grandes dolores y molestias. Estoy seguro de que se sentía agradecida por su embarazo, pero estaba pasando por lo mismo que pasamos todos cuando queremos algo con desesperación y Dios nos bendice con ello: nos encontramos con problemas inesperados y gritamos: «¿Por qué?» Con los gemelos luchando en su vientre, Rebeca le preguntó a Dios: «¿Para qué vivo yo?» (Génesis 25.22).

Dios respondió: «Dos naciones hay en tu seno, y dos pueblos serán divididos desde tus entrañas» (Génesis 25.23). Dios le dijo que estaba esperando gemelos; no sabemos cómo, pero lo hizo. Y eso no fue todo lo que le dijo. De esos gemelos nacerían dos naciones. ¡Caramba! Eso es suficiente para aturdir a una mujer embarazada. ¡Menuda profecía! Los niños aún no habían nacido, y Dios ya le estaba diciendo a su madre que de esos pequeños provendrían dos naciones. (Debían de ser dos varones, porque en esa época las naciones nuevas no venían de mujeres. Eso habría sido inconcebible.)

Sin embargo, la profecía de Dios no termina aquí: «El un pueblo será más fuerte que el otro pueblo, y el mayor servirá al menor» (Génesis 25.23). Dios reveló además cuál de los dos sería el pueblo más fuerte. La Palabra de Dios no solo profetizó el embarazo de gemelos de Rebeca, sino toda la historia de sus herederos.

Esta explicación da claridad en cuanto al embarazo doloroso y problemático de Rebeca. Esos niños ya estaban compitiendo en el vientre de su madre. He oído a madres decir sobre sus hijos: «Han estado peleándose desde el día en que nacieron», pero nunca una madre me dijo: «Han estado peleándose desde antes de nacer, y la razón es esta...»

Finalmente llegó el día del parto para Rebeca, y dio a luz a dos gemelos que no podían haber sido más diferentes. El primero nació rojizo y cubierto de vello, por eso lo llamaron Esaú [«velludo»] (Génesis 25.25). El segundo era todo lo contrario: lampiño y ambicioso. Esaú nació primero, el segundo estaba agarrado de los talones de su hermano. Eso explica la guerra en el vientre de Rebeca. El segundo hijo estaba decidido a ser el primero, y si bien parecía que Esaú había ganado la batalla, su hermano había luchado hasta el final. De modo que lo llamaron Jacob, que significa tres cosas: «el que se aferra al talón», «engañador» y «suplantador». Esaú era un verdadero varón, lleno de vitalidad y energía. Le encantaba cazar; era todo un hombre. Jacob, por su parte, se sentía más inclinado a estar en su casa y era un niño tranquilo.

¿Quién crees que te caería mejor? ¿Un atleta, un hombre de la cabeza a los pies al que le gustaban los vastos campos, o un niño de mamá al que le gustaba estar todo el día en casa ayudando a su madre con la cocina y la costura? Tu respuesta revela por qué Isaac amaba a Esaú, y Rebeca, a Jacob.

Vivimos en una cultura en la que muchas madres y maestras de escuela cometen el error de favorecer a los niños que son fáciles de tratar. Después de todo, los niños revoltosos las enloquecen. Les parecen problemáticos, demasiado perturbadores, con poco interés en aprender. ¿Por qué no pueden ser buenos alumnos, como las niñas?

Evidentemente, Rebeca tenía esta forma de pensar. Jacob era su preferido, mientras que Isaac amaba más a Esaú. El favoritismo de los padres hacia dos hijos muy diferentes llevaría la rivalidad entre estos hermanos al límite: no solo ocasionaría una fractura permanente en la familia, sino que también llevaría a la exacerbación de los problemas en el Medio Oriente que persisten hasta nuestros días.

## LA AMBICIÓN DE JACOB

Un día, cuando Jacob y Esaú posiblemente estaban en los primeros años de su adolescencia, Esaú regresó de cazar, hambriento. Vio que Jacob estaba cocinando un guiso rojo. Pasando por alto delicadezas como la que sigue: «¿Cómo estás, Jacobito?», soltó un: «Dame un poco de esa cosa roja». A partir de este momento, esa bola de pelo rojo recibió un segundo nombre: Edom, que significa «rojo» (Génesis 25.30). No olvides este nombre, ya que es central para el destino manifiesto de Esaú.

Jacob, el conspirador, respondió: «Primero, véndeme tu primogenitura». En esas familias de la antigüedad, el derecho de primogenitura solía implicar que el hijo mayor recibiera el doble de herencia que sus hermanos. Además, se convertía en cabeza de la familia. Más adelante, la ley mosaica mencionaría este punto: «mas al hijo de la aborrecida reconocerá como primogénito, para darle el doble de lo que correspondiere a cada uno de los demás; porque él es el principio de su vigor, y suyo es el derecho de la primogenitura» (Deuteronomio 21.17).

Esaú respondió impulsivamente. Vivía el momento presente. ¿Destino? ¿A quién le importa eso? Estaba más interesado en la siguiente comida o en la próxima cacería o en lo que fuera que satisficiera la necesidad del momento. De modo que contestó: «Oye, estoy por morirme de hambre. ¿De qué me servirá la primogenitura cuando esté muerto?»

Jacob, siempre calculador y pensando en sí mismo, dijo: «Júramelo», y Esaú lo hizo (Génesis 25.33). En el mundo antiguo, hacer un juramento era como firmar un contrato legal: era irrevocable. Jacob obtuvo lo que quería, al igual que Esaú. La negociación satisfizo las necesidades inmediatas de Esaú, pero a la larga saldría perdiendo. Llegaría el día en que se arrepentiría —y mucho— de lo que había hecho.

## EL ENGAÑO DE REBECA Y JACOB

Años después, cuando Isaac ya era un anciano ciego y sentía la muerte cerca, envió de cacería a su amado hijo Esaú. Esperaba que este regresara y preparara su plato de carne de caza preferido para poder darle una bendición antes de morir. Estoy seguro de que Esaú estaba más que feliz de complacer a su padre. Cualquier día que pudiera pasar de cacería en el campo era un buen día para él. Además, el urdidor niño de mamá que tenía por hermano se había quedado con su derecho de primogenitura, de modo que para Esaú era importante recibir la bendición de su padre. Incluso pensó que quizá esa bendición podía llegar a anular el compromiso que había hecho con Jacob.

El favoritismo de Isaac por Esaú era evidente, aun cuando era posible que Rebeca le hubiera contado la profecía de Dios con respecto a los gemelos. Isaac seguía favoreciendo a Esaú, incluso pese a que había tomado por esposas a mujeres extranjeras que prácticamente los sacaban de sus casillas a Rebeca y a él. Isaac sentía un amor mayor por Esaú porque ambos disfrutaban de las mismas actividades varoniles, pero Rebeca no sentía lo mismo. Ella prefería a Jacob, y tenía la palabra profética de Dios de respaldo. Cuando escuchó lo que Isaac le pidió a Esaú y cuáles eran sus planes, entró en acción.

Resulta interesante el parecido entre la manera de pensar de Rebeca y de Sara: cuando las promesas de Dios parecieron no cumplirse, ambas decidieron tomar cartas en el asunto. Una vez más, nos encontramos con el enfoque de Ben Franklin sobre la religión: «Dios ayuda a quienes se ayudan a sí mismos». Solo que, en este caso, el ardid no era para su propio beneficio, sino para el de Jacob. Por otra parte, el plan de Sara era al menos socialmente aceptable, mientras que el de Rebeca incluía pedirle a su hijo que le mintiera a su padre para obtener lo que ambos querían. Si bien Jacob era un personaje lamentable que solía hacerle honor a su nombre, debido a su tendencia temerosa en este caso mostró un poco más de decencia que Rebeca. Jacob era débil y cedería a la tentación de su madre, pero si se tiene en cuenta el grado de abuso de autoridad paternal del ardid y el grado de engaño y de falta de respeto por su esposo que implicaba, podemos decir que los planes de Rebeca eran escandalosos. Era el súmmum del favoritismo paternal y tristemente, como en muchos casos graves de este tipo de favoritismo, acabaría por destruir a la familia.

De modo que esto fue lo que sucedió. El pasaje de la Biblia es largo, pero disfruta cada bocado. Cada versículo y cada frase cuentan una historia que no podría ser igualada por ninguno de los grandes escritores de la literatura moderna. Ni Hemingway, ni Twain ni O'Connor podrían llegarle a los talones al terrible drama relatado por el escritor bíblico. El favoritismo de los padres y la rivalidad entre hermanos resultan en una combinación explosiva:

Aconteció que cuando Isaac envejeció, y sus ojos se oscurecieron quedando sin vista, llamó a Esaú su hijo mayor, y le dijo: «Hijo mío». Y él respondió: «Heme aquí». Y él dijo: «He aquí ya soy viejo, no sé el día de mi muerte. Toma, pues, ahora tus armas, tu aljaba y tu arco, y sal al campo y tráeme caza; y hazme un guisado como a mí me gusta, y tráemelo, y comeré, para que yo te bendiga antes que muera». Y Rebeca estaba oyendo, cuando hablaba Isaac a Esaú su hijo; y se fue Esaú al campo para buscar la caza que había de traer. Entonces Rebeca habló a Jacob su hijo, diciendo: «He aquí yo he oído a tu padre que hablaba con Esaú tu hermano, diciendo: "Tráeme caza y hazme un guisado, para que coma, y te bendiga en presencia de Jehová antes que yo muera". Ahora, pues, hijo mío, obedece a mi voz en lo que te mando. Ve ahora al ganado, y tráeme de allí dos buenos cabritos de las cabras, y haré de ellos viandas para tu padre, como a él le gusta; y tú las llevarás a tu padre, y comerá, para que él te bendiga antes de su muerte». Y Jacob dijo a Rebeca su madre: «He aquí, Esaú mi hermano es hombre velloso, y yo lampiño. Quizá me palpará mi padre, y me tendrá por burlador, y traeré sobre mí maldición y no bendición». Y su madre respondió: «Hijo mío, sea sobre mí tu maldición; solamente obedece a mi voz y ve y tráemelos».

Entonces él fue y los tomó, y los trajo a su madre; y su madre hizo guisados, como a su padre le gustaba. Y tomó Rebeca los vestidos de Esaú su hijo mayor, los preciosos, que ella tenía en casa, y vistió a Jacob su hijo menor; y cubrió sus manos y la parte de su cuello donde no tenía vello, con las pieles de los cabritos; y entregó los guisados y el pan que había preparado, en manos de Jacob su hijo. Entonces éste fue a su padre y dijo: «Padre mío». E Isaac respondió: «Heme aquí; ¿quién eres, hijo mío?» Y Jacob dijo a su padre: «Yo soy Esaú tu primogénito; he hecho como me dijiste: levántate ahora, y siéntate, y come de mi caza, para que me bendigas».

Entonces Isaac dijo a su hijo: «¿Cómo es que la hallaste tan pronto, hijo mío?» Y él respondió: «Porque Jehová tu Dios hizo que la encontrase delante de mí». E Isaac dijo a Jacob: «Acércate ahora, y te palparé, hijo mío, por si eres mi hijo Esaú o no». Y se acercó Jacob a su padre Isaac, quien le palpó, y dijo: «La voz es la voz de Jacob, pero las manos, las manos de Esaú». Y no le conoció, porque sus manos eran vellosas como las manos de Esaú; y le bendijo. Y dijo: «¿Eres tú mi hijo Esaú?» Y Jacob respondió: «Yo soy». Dijo también: «Acércamela, y comeré de la caza de mi hijo, para que yo te bendiga»; y Jacob se la acercó, e Isaac comió; le trajo también vino, y bebió. Y le dijo Isaac su padre: «Acércate ahora, y bésame, hijo mío». Y Jacob se acercó, y le besó; y olió Isaac el olor de sus vestidos, y le bendijo, diciendo:

«Mira, el olor de mi hijo,
como el olor del campo que Jehová ha bendecido;
Dios, pues, te dé del rocío del cielo,
de las grosuras de la tierra,
y abundancia de trigo y de mosto.
Sírvante pueblos, y naciones se inclinen a ti;
sé señor de tus hermanos,
y se inclinen ante ti los hijos de tu madre.
Malditos los que te maldijeren,
y benditos los que te bendijeren».

Y aconteció, luego que Isaac acabó de bendecir a Jacob, y apenas había salido Jacob de delante de Isaac su padre, que Esaú su hermano volvió de cazar. E hizo él también guisados, y trajo a su padre, y le dijo: «Levántese mi padre, y coma de la caza de su hijo, para que me bendiga». Entonces Isaac su padre le dijo: «¿Quién eres tú?» Y él le dijo: «Yo soy tu hijo, tu primogénito, Esaú». Y se estremeció Isaac grandemente, y dijo: «¿Quién es el que vino aquí, que trajo caza, y me dio, y comí de todo antes que tú vinieses? Yo le bendije, y será bendito». Cuando Esaú oyó las palabras de su padre, clamó con una muy grande y muy amarga exclamación, y le dijo: «Bendíceme también a mí, padre mío». Y él dijo: «Vino tu hermano con engaño, y tomó tu bendición». Y Esaú respondió: «Bien llamaron su nombre Jacob, pues ya me ha suplantado dos veces: se apoderó de mi primogenitura, y he aquí ahora ha tomado mi bendición». Y dijo: «¿No has guardado bendición para mí?» Isaac respondió y dijo a Esaú: «He aquí yo le he puesto por señor tuyo, y le he dado por siervos a todos sus hermanos; de trigo y de vino le he provisto; ¿qué, pues, te haré a ti ahora, hijo mío?» Y Esaú respondió a su padre: «¿No tienes más que una sola bendición, padre mío? Bendíceme también a mí, padre mío». Y alzó Esaú su voz, y lloró.

Entonces Isaac su padre habló y le dijo:

*He aquí, será tu habitación en grosuras de la tierra,*
*y del rocío de los cielos de arriba;*
*y por tu espada vivirás,*
*y a tu hermano servirás;*
*y sucederá cuando te fortalezcas,*
*que descargarás su yugo de tu cerviz.*

Y aborreció Esaú a Jacob por la bendición con que su padre le había bendecido, y dijo en su corazón: «Llegarán los días del luto de mi padre, y yo mataré a mi hermano Jacob». Y fueron dichas a Rebeca las palabras de Esaú su hijo mayor; y ella envió y llamó a Jacob su hijo menor, y le dijo: «He aquí, Esaú tu hermano se consuela acerca de ti con la idea de matarte. Ahora pues, hijo mío, obedece a mi voz; levántate y huye a casa de Labán mi hermano en Harán, y mora con él algunos días, hasta que el enojo de tu hermano se mitigue; hasta que se aplaque la ira de tu hermano contra ti, y olvide lo que le has hecho; yo enviaré entonces, y te traeré de allá. ¿Por qué seré privada de vosotros ambos en un día?» (Génesis 27.1-45)

Entonces Rebeca le rogó a Isaac que enviara a Jacob a la tierra natal de ella, e Isaac asintió. ¡Caramba, qué drama! ¡Cuánta intensidad! El ardid de Rebeca; las mentiras de Jacob; el estremecimiento de Isaac; el llanto de Esaú y sus planes de venganza; la huida de Jacob: no hay culebrón que pueda mejorar eso, ni obra literaria que pueda hacer una descripción más vívida.

## LA AMBICIÓN DE REBECA EN CUANTO A JACOB

La mayoría de los padres quieren lo mejor para sus hijos, y muchos de ellos tienen grandes expectativas para estos. Pero la ambición y el favoritismo maternal de Rebeca con Jacob son difíciles de comprender. En primer lugar, le ordenó a su hijo que engañara a su padre para obtener lo que ambos querían. Ordenarle a un hijo que trame y conspire con ella para hacer el mal es mero abuso paternal. Los padres cuya ambición con sus hijos es tan grande que les enseñan a mentir y robar para obtener lo que quieren son la personificación del mal.

En segundo lugar, Rebeca tenía tantas ambiciones con Jacob que estaba dispuesta a recibir una maldición con tal de obtener lo que quería (Génesis 27.12-13). La biografía de Douglas MacArthur escrita por William Manchester, *El César americano*, cuenta que la ambición que su madre tenía con él era tan grande que cuando MacArthur se alistó en la academia militar West Point, alquiló un apartamento cerca para poder ver si la luz de su dormitorio permanecía encendida hasta tarde en la noche y así saber si estaba estudiando para convertirse en uno de los mejores de su clase.[1] Otro ejemplo de ambición maternal desmedida. ¡No es de extrañar que ese hombre tuviera un ego tan grande!

Las madres como la de MacArthur pueden producir hijos geniales ocasionalmente, pero sin duda son difíciles de tratar. Ahora bien, dudo que este tipo de madres lleguen a decir que están dispuestas a pasar la eternidad en el infierno para obtener lo que quieren para su hijo, como hizo Rebeca. Se trata de un grado de ambición maternal difícil de comprender.

## UN JURAMENTO IRREVOCABLE

En la época de Isaac, la bendición de un padre era como un juramento; era irrevocable como, en nuestros días, un testamento escrito. Isaac bendijo a Jacob creyendo que era Esaú, y cuando este regresó, Isaac se dio cuenta de que había sido engañado. La Palabra de Dios dice: «Y se estremeció Isaac grandemente» (Génesis 27.33). Estas cinco palabras grafican el horror de ese momento: el momento en que un padre ciego y anciano se da cuenta de que lo han engañado y de que ya no hay nada que pueda hacer al respecto. El juramento ya estaba hecho; el pacto era irrevocable. Lo había engañado su propio hijo, y supongo que tenía la sensación de que su esposa estaba detrás de todo aquello. Isaac había visto el favoritismo de su esposa con Jacob durante todos esos años. Ya no podía bendecir al hijo que quería. Se sentía tonto. La Biblia dice que se estremeció grandemente. Con esas cinco palabras, el escritor bíblico revela que, pese a no poder ver, Isaac lo captó todo.

La película *Corazón valiente* muestra que el rey Eduardo de Inglaterra despreció y maltrató a los escoceses durante todo su reinado. Ignoraba que su nuera se había enamorado de William Wallace, el guerrero revolucionario escocés que, durante muchos años, encabezó la rebelión de Escocia contra él. Cuando el rey estaba en su lecho de muerte, tan débil que ni siquiera podía articular palabra, su nuera le susurró al oído que estaba embarazada de William Wallace. El heredero de Eduardo sería un escocés. El rey Eduardo se estremeció violentamente en su lecho, puesto que ya no había nada que pudiera hacer al respecto. ¡Ah, el horror de un padre al ser engañado por un hijo y descubrir que los resultados, además de ser contrarios a lo que quería, ya no pueden cambiarse!

## La impulsividad de Esaú

La mentalidad impulsiva de Esaú, orientada a vivir el momento, le trajo malos resultados. «Cuando Esaú oyó las palabras de su padre, clamó con una muy grande y amarga exclamación, y le dijo: "Bendíceme también a mí, padre" ... "¿No tienes más que una sola bendición, padre mío? Bendíceme también a mí, padre mío". Y alzó Esaú su voz, y lloró» (Génesis 27.34, 38). De modo que la rivalidad fraterna se tiñó de rencor, y Esaú prometió matar a su hermano por lo que había hecho. Esaú, un hombre adulto, lloró como un niño pequeño que se siente tratado injustamente por el favoritismo de sus padres. «¡No es justo!» La sed de venganza no tardó en llegar.

Tras ayudar a Jacob a engañar a su padre, Rebeca siguió mintiendo y tramando. Manipuló a Isaac para que enviara lejos a Jacob a buscar esposa. Cuando Esaú descubrió que otra vez Jacob y Rebeca le habían ganado en astucia, abandonó su hogar y tomó otra esposa de entre los herederos de Ismael. Observa que Ismael vuelve a aparecer en la historia. Sus herederos tienen la costumbre de reaparecer cuando los herederos de Abraham se enfadan con Dios y con la vida al sentir que se los trata injustamente. Más adelante, serían los ismaelitas los que aparecerían cuando el amado hijo de Jacob, José, fuera vendido como esclavo por sus hermanos, que estaban celosos de él porque su padre lo amaba más que a cualquiera de ellos. Los ismaelitas compraron a José y lo vendieron como esclavo en Egipto (Génesis 37.28).

Rebeca amaba a Jacob. Isaac a Esaú. Sin embargo, debido al favoritismo paternal y la rivalidad entre hermanos, nunca volverían a ver a sus hijos. El favoritismo paternal hizo que cada uno perdiera al hijo que más amaba, lo que tuvo consecuencias a largo plazo: Jacob y Esaú estarían distanciados por más de veinte años. Pero los pecados de esa familia tendrían aun más consecuencias a largo plazo, que influirían en el conflicto actual del Medio Oriente.

# 6

## COSECHARÁS TU SIEMBRA
### Jacob y el nacimiento de Israel

*Y le dijo Dios: «Tu nombre es Jacob; no se llamará más tu nombre Jacob, sino Israel será tu nombre»; y llamó su nombre Israel.*

—GÉNESIS 35.10

Tal vez no sea fácil de comprender, pero Dios decidió bendecir a Jacob antes que a Esaú. Desde su intento por ser el primero en nacer hasta su participación en el ardid de su madre para robar la bendición de su padre, siempre hizo honor a los diferentes significados de su nombre: «suplantador», «engañador» y «mentiroso». Era un niño de mamá artero y mentiroso.

Pero he aquí algo sorprendente: Dios tenía grandes planes para Jacob, y cuando digo grandes, me refiero a grandes planes que marcarían el curso de la historia. Esto es muy alentador ya que, si Dios puede amar a Jacob, puede amar a todo el mundo. Hasta a ti o a mí. Eso no solo nos da esperanzas para nosotros mismos, sino también para todos esos personajes lamentables en el mundo que son como Jacob.

Entonces, ¿cómo hizo Dios para convertir a Jacob en el hombre que quería que fuera? ¿De qué forma influiría la vida de Jacob en el curso de la historia y en los acontecimientos de Medio Oriente? Todo eso tomaría mucho tiempo.

## LA RENOVACIÓN DE UNA PROMESA

Después de que Rebeca e Isaac enviaron lejos a Jacob —porque Esaú pensaba matarlo—, Dios se le apareció a Jacob en un sueño. Durante muchos años, quise que Dios me hablara en un sueño como lo hizo tantas veces con grandes personajes de la Biblia. Ahora que soy una persona madura, me siento muy agradecido de que no lo hiciera, porque muchos de mis sueños son salvajemente extraños. Por fortuna, olvido la mayoría de mis sueños locos a los pocos segundos de despertar.

De cualquier modo, Dios se sirvió de los sueños de muchos personajes bíblicos una y otra vez. ¿Por qué? A veces lo hacía cuando no había en su palabra escrita un consejo adecuado para guiarlos según su voluntad. La revelación de Dios se manifestaba en la vida de Jacob, pero no estaba escrita aún. Por lo general, se cree que Moisés fue el escritor de los primeros cinco libros de la Biblia, y vivió más de cuatrocientos años después de la época de Jacob. De modo que cuando Jacob se dirigió a la antigua tierra de su padre y su abuelo para buscar esposa, el plan y la voluntad de Dios para él se le revelaron mediante un sueño.

Se trató de un sueño extraño. Jacob «soñó: y he aquí una escalera que estaba apoyada en tierra, y su extremo tocaba en el cielo; y he aquí ángeles de Dios que subían y descendían por ella» (Génesis 28.12). ¿Una escalera que llega al cielo y ángeles que suben y bajan por ella? ¿De qué se trata todo eso? A medida que el sueño se desarrollaba, Dios le habló a Jacob de una manera que le permitió interpretar el sueño.

> Y he aquí, Jehová estaba en lo alto de ella, el cual dijo: «Yo soy Jehová, el Dios de Abraham tu padre, y el Dios de Isaac; la tierra en que estás

acostado te la daré a ti y a tu descendencia. Será tu descendencia como el polvo de la tierra, y te extenderás al occidente, al oriente, al norte y al sur; y todas las familias de la tierra serán benditas en ti y en tu simiente. He aquí, yo estoy contigo, y te guardaré por dondequiera que fueres, y volveré a traerte a esta tierra; porque no te dejaré hasta que haya hecho lo que te he dicho». (Génesis 28.13-15)

¿Qué le dijo Dios a Jacob en el sueño?

En primer lugar, le dijo: «Yo controlo la historia». Eso significaba que Dios controlaba los planes de la vida de Jacob. Estaba en lo alto de la escalera que ascendía al cielo, y sus ángeles iban y venían del cielo a la tierra y de la tierra al cielo para instrumentar los planes de Dios.

En segundo lugar, una parte clave de los planes de Dios para la historia involucraría a los antepasados y herederos de Jacob. Se trataba de una revelación de la promesa del pacto que Dios le había hecho a su abuelo, Abraham, y a su padre, Isaac. Jacob era el heredero elegido por Dios para este pacto. En el sueño, Dios le reiteró estas promesas:

- Le daría la tierra a sus descendientes (Génesis 28.13);
- la descendencia de Abraham —Isaac y ahora Jacob— sería tan vasta que sería imposible de contar (Génesis 28.14);
- mediante esta familia elegida especialmente, Dios bendeciría a todas las familias de la tierra (Génesis 28.14);
- Dios estaría con él y lo cuidaría, y un día lo traería de regreso a esa tierra prometida (Génesis 28.15).

Obviamente, Jacob no se merecía todo eso. Hasta ese momento, se había comportado de manera despreciable. Pero eso es un gran recordatorio de Dios para todos nosotros: si Dios tiene un propósito para un hombre como Jacob, sin lugar a dudas tiene uno para nosotros. Por supuesto, no sería sencillo y tomaría mucho tiempo. Si bien Dios le tenía paciencia a Jacob —como nos la tiene a todos nosotros—, se serviría de lecciones dolorosas para modelar su carácter.

## JACOB ENCUENTRA LA HORMA DE SU ZAPATO

Cuando era pequeño y algún lamentable fulano se metía en graves problemas por hacer lo que no debía, con frecuencia oía a algún adulto decir: «Pues, supongo que se lo buscó». Si bien yo era apenas un niño, entendía perfectamente que esa persona estaba cosechando lo que había sembrado al meterse en problemas, por lo que la mayoría de las personas que lo conocían no se sorprendían de que obtuviera su merecido.

En Génesis 29, la Palabra de Dios cuenta el viaje de cientos de kilómetros que hizo Jacob hasta la tierra de su madre. En aquellos días, viajar no era cosa sencilla. No había buenos caminos, ni tampoco tiendas de autoservicio con baños como podemos encontrar hoy. Aun así, Jacob llegó a la tierra de su madre y se detuvo junto a un pozo. Los pozos eran el equivalente antiguo de las estaciones de servicio, ya que eran el lugar donde abrevar a los camellos —los vehículos todoterreno del antiguo Israel— y donde los viajeros como Jacob podían beber agua. No era infrecuente que las personas se reunieran en torno a los pozos y disfrutaran de una muy necesaria parada técnica en medio de un viaje extremadamente caluroso y agotador. Solo que, en este caso, la piedra que cubría el pozo para mantenerlo limpio era tan pesada que hacían falta varios hombres para moverla. Cuando los hombres que estaban en el pozo le dijeron que había llegado a Harán, su destino, Jacob debió de sentirse aliviado. Un minuto después, quedó atónito al descubrir que conocían a su pariente, Labán. Casi enseguida, levantaron la vista y dijeron: «Allí viene su hija Raquel con las ovejas», porque era pastora.

Una escena digna de Hollywood. La Palabra de Dios la describe vívidamente en Génesis 29.10-11. «Y sucedió que cuando Jacob vio a Raquel, hija de Labán hermano de su madre, y las ovejas de Labán el hermano de su madre, se acercó Jacob y removió la piedra de la boca del pozo, y abrevó el rebaño de Labán hermano de su madre. Y Jacob besó a Raquel, y alzó su voz y lloró». Amor a primera vista. Aquí estaba este niño de mamá ante esta hermosa joven, y se sintió tan inspirado que se despertó en él una fuerza increíble. Movió solo la enorme piedra que cubría el pozo para que Raquel pudiera abrevar su rebaño, algo para lo que solía ser necesaria la fuerza de varios hombres. Luego corrió a besar a Raquel y echó a llorar, y le dijo de dónde venía y que eran primos lejanos. ¡Qué escena! Raquel quedó tan sorprendida que corrió a su casa para contarle a su padre lo que había sucedido en el pozo.

Labán invitó a Jacob a que pasara un mes con ellos. Luego le presentó oficialmente a sus dos hijas. La mayor se llamaba Lea; Raquel era la menor. Esto es lo que la Palabra de Dios nos dice sobre las dos hermanas: «Y Labán tenía dos hijas: el nombre de la mayor era Lea, y el nombre de la menor, Raquel. Y los ojos de Lea eran delicados, pero Raquel era de lindo semblante y de hermoso parecer» (Génesis 29.16-17). Lea tenía ojos delicados. En una cultura donde las mujeres solían usar velos para que la única parte de su rostro a la vista de los hombres fueran los ojos, esta no era buena señal. *Ojos delicados* no era algo que se refiriera a su visión sino a su belleza, y al parecer la pobre Lea no era agraciada en ese aspecto. Pero Raquel era un bombón. Yo diría que era una dulzura, pero los hombres de hoy dirían que era una mujer encantadora. La Palabra de Dios no podría ser más clara en este sentido. Esta muchacha sí que era bella. Qué cuerpo; qué belleza. Para restregar sal en la herida, el nombre de Lea significa «vaca», y el de Raquel, «cordero». Pobre Lea. La vida ya era lo suficientemente difícil al ser la hermana mayor, poco atractiva y con un mal nombre, y para colmo de males su hermana menor era preciosa.

Jacob tenía cierta cualidad: cuando veía algo que quería, se enfocaba completamente en ello y estaba decidido a conseguirlo. Había encontrado a la mujer de sus sueños, y le ofreció a Labán trabajar para él por siete años a cambio de la mano de Raquel. Labán aceptó.

Los siete años pasaron volando para Jacob. La Biblia dice «le parecieron como pocos días, porque la amaba [a Raquel]» (Génesis 29.20). Al término de los siete años, Jacob se acercó a Labán y le dijo: «Dame mi mujer, porque mi tiempo se ha cumplido, para unirme a ella». Caramba. Le estaba pidiendo a su futuro suegro que le entregara a Raquel en matrimonio así podía finalmente tener relaciones sexuales con ella. Nada de sutilezas.

De modo que Labán hizo una gran fiesta de casamiento pero, sin que Jacob lo supiera, le hizo una mala pasada. Por lo general, las bodas se celebraban por la noche, y la novia solía estar cubierta de velos. La fiesta se extendía hasta altas horas de la noche, y corrían ríos de vino. Labán también era urdidor y, como hombre que era, sabía que las posibilidades de casarse de su hija mayor eran pocas, de modo que entregó a Lea en matrimonio a Jacob. Evidentemente, este no se dio cuenta y consumó el matrimonio con Lea, convencido de que era Raquel. «Entonces Labán juntó a todos los varones de aquel lugar, e hizo banquete. Y sucedió que a la noche tomó a Lea su hija, y se la trajo; y él se llegó a ella ... Venida la mañana, he aquí que era Lea; y Jacob dijo a Labán: "¿Qué es esto que me has hecho? ¿No te he servido por Raquel? ¿Por qué, pues, me has engañado?"» (Génesis 29.22-25).

Imagínate la escena. Jacob pensaba que estaba pasando la noche con la mujer de sus sueños. «Ah, Raquel, eres la mujer más hermosa que he visto. Te amo tanto. Ha valido la pena esperar». A la mañana siguiente, se da vuelta en la cama para admirar a su hermosa esposa y «ojos delicados» le devuelve la mirada. Imagínate su sorpresa; imagina cómo se habrá sentido la pobre Lea. No fue un buen momento para ninguno. La Palabra de Dios describe la ironía de lo que sucedió: «"¿Por qué, pues, me has engañado?" Y Labán respondió: "No se hace así en nuestro lugar, que se dé la menor antes de la mayor. Cumple la semana de ésta, y se te dará también la otra, por el servicio que hagas conmigo otros siete años". E hizo Jacob así, y cumplió la semana de aquélla; y él le dio a Raquel su hija por mujer» (Génesis 29.25-28).

Jacob se enfureció con Labán porque lo había *engañado*. Qué ironía, que el engañador caiga en un engaño. La ironía es doble, porque Jacob había engañado a su propio padre para que pensara que era su primogénito, y ahora Labán lo engañaba al darle a su primogénita por esposa. Jacob el artero probó un poco de su propia medicina y estaba enfurecido. Jacob se había encontrado con la horma de su zapato en el ámbito del engaño, pero estaba tan enamorado de Raquel y tan decidido a casarse con ella que aceptó servir en el campo de Labán por siete años más. La mayoría de las personas creen que Jacob debió esperar otros siete años para casarse con Raquel, pero no fue así. Solo debió esperar una semana, pero estuvo obligado a servir a su suegro por otros siete años (Génesis 29.27-28).

Es probable que, cuando escuchamos una historia como esta, nos cause gracia que Labán le haya dado su merecido a Jacob. Pero Dios estaba usando todas las experiencias de la vida de Jacob para convertirlo en el hombre que quería que fuese. La Biblia dice: «No os engañéis; Dios no puede ser burlado: pues todo lo que el hombre sembrare, eso también segará» (Gálatas 6.7).

Un grupo de escandalosos adolescentes se divertía en la tierra de un acaudalado agricultor del sur. Este agricultor había trabajado duro para conseguir una rica cosecha y no quería que ningún joven alborotador dañara sus cultivos, de modo que los echó de su terreno. Al cabecilla de los muchachos se le ocurrió cómo vengarse del viejo granjero. Una noche, él y sus amigos se metieron a hurtadillas en el campo del agricultor y plantaron grandes cantidades de kudzu (o *Pueraria lobata*). Si alguna vez viviste en el sur de la unión americana, sabrás que el kudzu crece más rápido que las uñas. Es una planta que avanza sobre campos, casas, árboles; es una frondosa enredadera prácticamente imparable. Durante los años siguientes, los adolescentes observaron a la distancia cómo el granjero luchaba contra el kudzu y se reían de su desgracia. Algunos años después, el cabecilla del grupo se enamoró de la hija del granjero, y recibió el permiso de este para casarse con ella. El agricultor murió al poco tiempo y el joven heredó el campo familiar; y debió luchar contra el kudzu por el resto de su vida.

Debemos ser cuidadosos en nuestro trato con los demás. No podemos engañar a Dios. Él se ocupará de que, en su debido momento, cosechemos lo que sembramos. Dios es justo y quiere que aprendamos que la forma en que tratamos a los demás probablemente será la misma en que nos traten. Jacob estaba aprendiendo una lección dura, pero buena. Dios tenía grandes planes para él.

# En lucha con Dios

En Génesis 29.24-32, encontramos la historia de cómo Jacob encontró en Labán la horma de su zapato. Tras varios años de servir a su suegro, finalmente se cansó y huyó con sus dos esposas, las hijas de Labán, cuando este no estaba (Génesis 31.1-21). A ningún engañador le agrada que otro lo supere en astucia, de modo que cuando Labán se enteró de lo sucedido, se enfureció y persiguió a Jacob y a sus hijas y lo confrontó por haberlo abandonado. Esta fue la respuesta de Jacob: «Así he estado veinte años en tu casa; catorce años te serví por tus dos hijas, y seis años por tu ganado, y has cambiado mi salario diez veces. Si el Dios de mi padre, Dios de Abraham y temor de Isaac, no estuviera conmigo, de cierto me enviarías ahora con las manos vacías; pero Dios vio mi aflicción y el trabajo de mis manos, y te reprendió anoche» (Génesis 31.41-42). Finalmente, Labán los dejó ir. Jacob se estaba convirtiendo en un hombre, pero aún le quedaba un largo camino por recorrer.

Eso lo llevó a enfrentar aquello que había temido por más de veinte años. Para regresar a su hogar, debía atravesar la tierra donde se habían establecido su hermano, Esaú, y sus herederos, los edomitas (Génesis 32.1-23). La culpa es obsesionante. Parte de la genialidad de Shakespeare era escribir tragedias en las que el lector podía saborear el fuerte poder de la culpa. Nunca olvidaré cuando leí *Macbeth* en la universidad: no dejaba de imaginar a Lady Macbeth lavándose las manos culpables y asesinas una y otra vez. La culpa es la maldición del pecado. Dostoievski, en *Crimen y castigo*, la describe de manera vívida cuando el protagonista, Raskolnikov, toma obsesivamente el calcetín ensangrentado después de asesinar a una prestamista por dinero. La culpa es como un pegote persistente e indisoluble en nuestra alma. Podemos intentar huir de ella, pero es como un saco de arena colgado de nuestras espaldas: nos pesa, adonde sea que vayamos.

No importaba cuánto tiempo se había ido Jacob, ni cuán lejos ni lo que había logrado, nunca pudo librarse de la culpa por lo que le había hecho a su hermano Esaú al engañar a su padre. Ahora estaba a punto de encontrarse frente a frente con Esaú después de todos esos años de separación.

Jacob pasó la noche anterior a encontrarse con Esaú completamente solo y tuvo un encuentro que le cambiaría la vida con Aquel contra el que más había pecado: no se encontró con su padre, ni con Esaú, sino con el mismísimo Dios (Génesis 32.24-32).

Un desconocido confrontó a Jacob en la oscuridad, y lucharon toda la noche. Jacob no se dio cuenta de que era el Señor con quien luchaba. Creo que fue en esa larga noche de agonía que Jacob finalmente se enfrentó con su pecado. Es cierto que ya había probado una cucharada de su propia medicina cuando Labán lo engañó, pero nadie nos confronta con el mal de nuestra perversión pecaminosa como el Señor. Es entonces que podemos vernos a nosotros mismos y a nuestros pecados tal como los ve Dios. No es sino hasta que tomamos conciencia de nuestros pecados y nuestro potencial para hacer el mal que el poder de Dios puede comenzar a transformarnos. Es humillante y, a veces, completamente aterrador. Es por eso que el comerciante de esclavos John Newton, presa de la culpa por ganar dinero mediante la compraventa de seres humanos, escribió: «Fue la gracia lo que le enseñó a mi corazón a temer; fue la gracia lo que me liberó de mis temores». A veces, Dios nos lleva a través de lo que los teólogos llaman «la oscura noche del alma» de manera que cuando veamos cuán pecadores somos y que, aun así, Dios nos ama y nos ofrece su perdón, nos transformemos para siempre en Cristo.

La Palabra de Dios describe cómo fue la oscura noche del alma para Jacob. «Así se quedó Jacob solo; y luchó con él un varón hasta que rayaba el alba» (Génesis 32.24). Me imagino el agotamiento de Jacob. Mi propia oscura noche del alma ocurrió en mi dormitorio en casa de mis padres, el verano posterior a mi primer año de estudios superiores. Había recibido la bendición y el honor espiritual de ser líder estudiantil en el mismo campo Young Life de Colorado donde había hecho un compromiso personal con Dios dos años antes, pero me sentía atribulado. ¿Qué quería Dios que hiciera con mi vida? No tenía idea. Recuerdo patentemente que esa noche me arrodillé junto a la cama antes de irme a dormir y oré:

«Señor, soy tuyo. Estoy dispuesto a hacer con mi vida lo que tú quieras». Luego me acosté, dispuesto a dormir. Pero el sueño nunca llegó. Comencé a luchar contra pensamientos malévolos de los que nunca me creí capaz. Me sentí envuelto por la tentación; fue tan fuerte que sentí que el demonio estuvo a mi lado toda la noche, instándome a que le diera la espalda a Dios. Sentí que no dejaba de susurrarme al oído: «Niega a Dios, niega a Jesús. Dale la espalda a Dios». Me resistía con todas mis fuerzas: «No, no lo haré». Fue un momento aterrador. No creí poder resistirlo y no pude dormir ni un instante.

Finalmente, tras lo que pareció una eternidad, llegó la mañana y me vestí para ir a trabajar. Bajé a la cocina, y mi madre me preguntó qué quería desayunar. Estaba completamente exhausto; no podía comer. Mi padre levantó la vista del periódico y me preguntó: «¿Cómo dormiste, hijo?» Estallé en llanto y dije: «Me siento como si hubiera estado toda la noche luchando contra el diablo». Recibir esa respuesta de su hijo mayor, que había vuelto de la universidad para pasar unos días en su casa, los dejó atónitos, desconcertados, atribulados. No sabían qué decir ni qué hacer.

Las tribulaciones me duraron algunos meses. Después del terror que pasé esa noche, temía irme a dormir. Pero Dios sabía que eso era lo que necesitaba, sabía que un joven universitario cristiano excesivamente seguro de sí mismo como yo necesitaba compungirse. Necesitaba tomar conciencia de cuánto mal era capaz de hacer. Desde que tuve esa experiencia, sé que la persona más pecadora que conozco soy yo mismo. Esa noche me di cuenta de algo que nunca más olvidé: soy capaz de cometer cualquier pecado, y solo por la gracia de Dios tengo la fortaleza y el poder para vencerlo. Sí, Dios sabía que yo necesitaba esa lucha nocturna para quebrantar mi alma de modo que pudiera aprender a depender completamente de Él. Lo que aprendí esa noche es que mi determinación a hacer el bien con mi propia fuerza sería muy débil para luchar contra el maligno. Mis intenciones eran buenas, pero mi propia fuerza no era suficiente para librar esa batalla día a día con determinación y agallas. Sería demasiado para mí. En conclusión, lo único que podía hacer era aprender a depender de la fuerza de Dios momento a momento. Por fortuna, su fuerza, por el poder del Espíritu Santo, siempre es suficiente.

Sé que la experiencia de Jacob fue diferente —ninguna noche oscura del alma es igual a otra—. Jacob sintió que pasó la noche luchando con Dios, no con el demonio, pero la sensación de mantener una lucha espiritual y de llegar al límite de nuestras fuerzas hasta quebrantarnos es similar. Jacob estaba lleno de culpa y temor en el momento de su vida en que se enfrentó cara a cara con su pecado. Su lucha con el Señor por el control de su vida lo llevaría a un quebranto físico y espiritual que cambiaría su existencia, su personalidad, su espíritu y su nombre para siempre. La Palabra de Dios lo describe así en Génesis 32.25-32:

> Y cuando el varón [el ángel] vio que no podía con él [Jacob], tocó en el sitio del encaje de su muslo, y se descoyuntó el muslo de Jacob mientras con él luchaba. Y dijo: «Déjame, porque raya el alba». Y Jacob le respondió: «No te dejaré, si no me bendices».
>
> Y el varón le dijo: «¿Cuál es tu nombre?» Y él respondió: «Jacob».
>
> Y el varón le dijo: «No se dirá más tu nombre Jacob, sino Israel; porque has luchado con Dios y con los hombres, y has vencido».
>
> Entonces Jacob le preguntó, y dijo: «Declárame ahora tu nombre». Y el varón respondió: «¿Por qué me preguntas por mi nombre?» Y lo bendijo allí.
>
> Y llamó Jacob el nombre de aquel lugar, Peniel; porque dijo: «Vi a Dios cara a cara, y fue librada mi alma».
>
> Y cuando había pasado Peniel, le salió el sol; y cojeaba de su cadera.
>
> Por esto no comen los hijos de Israel, hasta hoy día, del tendón que se contrajo, el cual está en el encaje del muslo; porque tocó a Jacob este sitio de su muslo en el tendón que se contrajo.

En primer lugar, Jacob estaba conmocionado físicamente. Su lucha nocturna fue tan agotadora que se le dislocó la cadera, y a partir de ese momento cojearía.

En segundo lugar, la fortaleza y la determinación de Jacob son asombrosas. Después de luchar toda la noche, le dijo al mensajero de Dios que no lo dejaría ir hasta que no lo bendijese. El mensajero de Dios le preguntó su nombre, y cuando respondió «Jacob», supo que su nombre lo describía tal cual era: un suplantador, urdidor y engañador. Fue entonces que ese mensajero, o ángel, de Dios le dio un nuevo nombre. Lo llamó Israel, que significa «Dios lucha» o «el que lucha con Dios».[1] Ese nombre es un presagio de la historia de Israel. Jacob luchó con Dios y sobrevivió. Luego, le pidió a su fuerte contendiente que le dijera su nombre, y este se negó y en cambio lo bendijo. Eso describe el misterio de Dios y su acto redentor por el pecador al mismo tiempo.

Por último, creo que es en ese momento que Jacob fue transformado por Dios. Se dio cuenta de que había tenido un encuentro sobrenatural con Dios. Vivía aterrorizado y con mucha culpa por su pecado. Al pronunciar su nombre, tomó una conciencia abrumadora de quién era en realidad. Sin embargo, en lugar de recibir la muerte y el juicio de Dios que merecía, Dios cambió su nombre y lo bendijo. Jacob nunca volvería a ser el mismo. Ahora sería Israel, un hombre nuevo, y de ese nuevo hombre provendría la gran nación que Dios había concebido a través de su abuelo, Abraham. Israel nació con Jacob, porque aunque este creyó haber triunfado, el verdadero triunfo fue el de Dios al transformarlo y dar origen a un pueblo y una raza especialmente elegidos.

## El encuentro de Jacob y Esaú

Después de atravesar su oscura noche del alma al «luchar contra Dios», Jacob ya no experimentó el temor que pudo haber tenido en el pasado. Dios lo había preparado para ese momento. Sin embargo, la naturaleza calculadora de Jacob seguía manifestándose: «Alzando Jacob sus ojos, miró, y he aquí venía Esaú, y los cuatrocientos hombres con él; entonces repartió él los niños entre Lea y Raquel y las dos siervas. Y puso las siervas y sus niños delante, luego a Lea y sus niños, y a Raquel y a José los últimos» (Génesis 33.1-2). Envió a sus esposas a recibir a Esaú y sus cuatrocientos hombres antes que él. Quizá pensó que ver a su familia ablandaría el corazón de Esaú. Pero lo que hizo Jacob luego habría sido inimaginable para él mismo veinte años antes: le mostró a Esaú la mayor humildad y respeto de los que era capaz al postrarse ante él siete veces. «Y él pasó delante de ellos y se inclinó a tierra siete veces, hasta que llegó a su hermano» (Génesis 33.3).

Durante el primer año de la presidencia de Obama, los estadounidenses se asombraron cuando lo vieron inclinarse ante el rey de Arabia Saudita. ¿Qué significaba eso? ¿Qué hacía el presidente de Estados Unidos inclinándose ante el rey de una de las naciones musulmanas más tiránicas de la tierra? Más adelante ese mismo año, se vio a Obama inclinarse aun más ante el emperador de Japón durante su gira asiática, donde se encontró con diferentes líderes mundiales.[2] ¿Por qué hizo eso Obama?

En Oriente, cuando más se inclina un hombre ante otro, más respeto demuestra. De modo que las postraciones de Jacob hasta tocar el piso frente a Esaú muestran un nuevo Jacob. Humillado por Dios, buscó el perdón de Esaú y se puso completamente a su merced.

Una vez más, la respuesta natural del lector hacia Esaú es muy positiva. Después de todo lo que Jacob le había hecho veinte años atrás, Esaú mostró una profunda indulgencia:

> Pero Esaú corrió a su encuentro [al encuentro de Jacob] y le abrazó, y se echó sobre su cuello, y le besó; y lloraron. Y alzó sus ojos y vio a las mujeres y los niños, y dijo: ¿Quiénes son éstos? Y él respondió: Son los niños que Dios ha dado a tu siervo. Luego vinieron las siervas, ellas y sus niños, y se inclinaron. Y vino Lea con sus niños, y se inclinaron; y después llegó José y Raquel, y también se inclinaron. Y Esaú dijo: ¿Qué te propones con todos estos grupos que he encontrado? Y Jacob respondió: El hallar gracia en los ojos de mi señor. Y dijo Esaú: Suficiente tengo yo, hermano mío; sea para ti lo que es tuyo. (Génesis 33.4-9)

Jacob creyó que debía darle a Esaú grandes ofrendas por todo lo mal que lo había tratado antes, pero este se mostró muy indulgente y misericordioso.

¿Cómo respondió Jacob? «"No, yo te ruego; si he hallado ahora gracia en tus ojos, acepta mi presente, porque he visto tu rostro, como si hubiera visto el rostro de Dios, pues que con tanto favor me has recibido. Acepta, te ruego, mi presente que te he traído, porque Dios me ha hecho merced, y todo lo que hay aquí es mío". E insistió con él, y Esaú lo tomó» (Génesis 33.10-11). Con el perdón de Esaú, Jacob sintió que veía el rostro de Dios y que experimentaba su indulgencia. En muchos sentidos, Esaú se parece al padre de la parábola de Jesús acerca del hijo pródigo, que nos muestra el perdón de Dios. Jacob insistió a Esaú que al menos aceptara sus presentes, y Esaú lo hizo.

Los hermanos siguieron sus respectivos caminos en paz, y en el trayecto Dios le reiteró a Jacob que el cambio de su nombre iba en serio:

> Apareció otra vez Dios a Jacob, cuando había vuelto de Padan-aram, y le bendijo. Y le dijo Dios:
>
> > *Tu nombre es Jacob;*
> > *no se llamará más tu nombre Jacob,*
> > *sino Israel será tu nombre;*
>
> y llamó su nombre Israel. (Génesis 35.9-10)

Además, Dios repitió la promesa que le había hecho a su abuelo y a su padre y que ahora le hacía a él: que de Israel provendría una gran nación y que la tierra que le había prometido a Abraham e Isaac sería la tierra de Israel. Israel tuvo doce hijos, que representarían a las doce tribus de Israel (Génesis 35.23-26). Esaú también tuvo numerosos herederos, según lo descrito en Génesis 36.

## LOS HEREDEROS DE LOS EDOMITAS

La reconciliación de Jacob y Esaú fue genuina. Cuando murió su padre, Isaac, volvieron a reunirse. Pero, con frecuencia, los herederos de quienes creen que su padre obtuvo la peor parte no son tan indulgentes como su progenitor. Eso es precisamente lo que sucedió con los herederos de Esaú, los edomitas.

Según cuenta la historia, los edomitas causaron una amarga decepción a los israelitas. Aunque los edomitas eran sus primos, los parientes cercanos con frecuencia pueden convertirse en acérrimos enemigos. Más de cuatrocientos años más tarde, cuando se liberó a los israelitas de la esclavitud en Egipto y se encaminaron a la tierra prometida como una nueva nación, los edomitas no les permitieron atravesar el territorio donde se habían asentado: el sur de Arabia, en la actual Jordania. Más adelante, los reyes Saúl y David de Israel le declararon la guerra a ese pueblo. Grandes profetas hebreos como Amós (1.1-12), Isaías (capítulo 34), Jeremías (49.7-22), Ezequiel (32.29) y Abdías (todo el libro) culpan a Edom por haberse unido con los enemigos de Israel. Lo más mortificante de eso para Israel fue que Edom se confabulara con Babilonia en la caída de Jerusalén en 587-86 A.C.[3] Para comprender parte de la tensión entre las actuales Israel y Jordania, es necesario retrotraernos a Jacob y Esaú.

Herodes, el aborrecido rey de los judíos que ordenó que todos los bebés de Belén fueran salvajemente asesinados cuando nació Jesús, era mitad judío y mitad edomita, y la razón por la que los judíos lo detestaban era justamente por su sangre edomita, sumada al hecho de que había sido instaurado por Roma.

Avancemos unos dos mil años hasta 1948, momento en que Israel volvió a convertirse en nación. Entre las cinco naciones árabes que le declararon la guerra a Israel —para echar a los judíos al mar antes de que la incipiente nación cumpliera siquiera un día—, estaba Jordania, la nación de los herederos edomitas de Esaú. Lo que no es muy conocido es lo que sucedió tres días antes de que Israel se convirtiera en nación y sus vecinos árabes le declararan la guerra. El 11 de mayo de 1948, una judía estadounidense llamada Golda Meyerson tuvo una reunión secreta con el rey Abdullah de Transjordania (Jordania), disfrazada de mujer árabe. El mundo la conocería después como Golda Meir, que luego se convertiría en primera ministra de Israel. Sobre este encuentro clandestino, Shimon

Apisdorf escribió: «Fue la percepción de la señora Meyerson, así como de otros líderes judíos y árabes, que el rey Abdullah creía que podía encontrarse una forma en que los judíos y los árabes pudieran convivir como vecinos. Ese día de mayo, la misión de Meyerson era disuadir al rey para que no fuera a la guerra. Por su parte, el rey le dijo a la señora Meyerson que era imposible para él distanciarse de los demás líderes árabes e instó a los judíos a que pospusieran su declaración de independencia».[4] Por desdicha, la señora Meyerson debió presentarse ante David Ben-Gurion, líder de Israel, y reconocer el fracaso de su misión.

Sin embargo, Golda Meyerson registró lo que el rey Abdullah le dijo ese día: «Creo firmemente que la Divina Providencia les ha devuelto un pueblo semita desterrado a Europa y que se benefició de su progreso, el Oriente semita, el que necesita de su conocimiento e iniciativa... Condeno el baño de sangre y la destrucción por venir. Esperemos volver a encontrarnos y que nuestras relaciones no se interrumpan».[5]

Es difícil no pensar en la reconciliación de Esaú y Jacob en Génesis 33 al leer esto; capítulo que refleja la reconciliación de dos hermanos distanciados y la magnánima indulgencia de Esaú. Al parecer, el rey Abdullah también tenía ese anhelo. Históricamente, la hermandad conocida como los árabes fue demasiado vehemente como para reconciliar a los herederos de Jacob y Esaú, pero al menos tenían la intención.

Luego, en 1967, en apenas seis días, la pequeñísima Israel venció a cinco grandes naciones árabes y reclamó control del sagrado Monte del Templo donde se encuentra la Cúpula de la Roca musulmana. Pertenecía a Jordania, que poseía ese territorio junto con el este de Jerusalén y la tierra conocida actualmente como Cisjordania; llamada así por encontrarse "de este lado (el occidental)" (*cis*) de Jordania. Para los jordanos —los herederos edomitas de Esaú—, los hijos de Jacob (Israel) otra vez les robaban lo que era suyo. Es imposible comprender las tensiones actuales en el Medio Oriente sin buscar el origen del conflicto en tiempos bíblicos.

En la actualidad, Israel y Jordania se encuentran sorprendentemente en paz. El difunto rey Hussein de Jordania, hijo del rey Abdullah, comprendió el derecho de Israel a existir y tuvo la valentía de firmar un tratado de paz con Israel, tal como había hecho años antes Sadat, el presidente de Egipto. Sin lugar a dudas, Jordania fue uno de los regímenes musulmanes más progresistas que cooperó con Israel y Estados Unidos. Si bien el rey Hussein perdió mucho a manos de Israel, y desde ese punto de vista recibió un trato injusto, la actitud que tuvo con Israel al final fue similar a la que tuvo Esaú con Jacob cuando lo perdonó. Quienes están a favor de la paz, echan de menos a este valiente líder musulmán.

El tiempo dirá cuánto durará este tratado de paz. En Romanos 9.13 hay un versículo muy inquietante donde Dios dice: «A Jacob amé, mas a Esaú aborrecí». Cualquier persona que confíe en que Dios es un Dios justo, encontrará este versículo difícil de digerir. Pero la Palabra de Dios también dice que Dios puede mostrar su aprobación a quien quiera, y el favor de Dios no se basa en el mérito. Sin lugar a dudas, Jacob no lo merecía; tampoco Israel. Tampoco lo merecía Esaú, ni Jordania, ni ninguno de nosotros.

# 7

## UNA RESTAURACIÓN MILAGROSA
### El Estado de Israel y las naciones árabes vecinas

*Por tanto, así ha dicho Jehová de los ejércitos: Por cuanto no habéis oído*
*mis palabras, he aquí enviaré y tomaré a todas las tribus del norte,*
*dice Jehová, y a Nabucodonosor rey de Babilonia, mi siervo, y los traeré*
*contra esta tierra y contra sus moradores».*

—JEREMÍAS 25.8-9

Nunca olvidaré el primer viaje que mi esposa y yo hicimos a Israel. Fue en octubre de 1991, y nuestro guía judío llevaba un año y medio sin dirigir un grupo debido a la Guerra del Golfo. Éramos un grupo pequeño, de diecinueve personas; eran pocos los miembros de nuestra iglesia interesados en ese viaje. Las noticias sobre los misiles Scud de Saddam Hussein que caían sobre Israel todavía tenían una presencia muy fuerte en la mente de los estadounidenses. Las imágenes de CNN en cuanto a los israelíes acopiando máscaras antigases por temor de que la Irak de Saddam atacara a Israel con armas químicas no hacía mucho por aumentar los deseos de mis compatriotas por viajar a esa parte del mundo. Aun así, en el momento en que nuestro avión aterrizó en Tel Aviv, supimos que estábamos en un sitio como el que no había otro. Un gran grupo de católicos irlandeses en nuestro avión comenzó a entonar la doxología. Eso no es algo que suceda en otra parte del mundo.

No importaba dónde fuéramos, los israelíes se mostraban agradecidos por nuestra visita. Es cierto que, en parte, tenían un interés económico, pero había algo más. La presencia de estadounidenses le demostraba nuestro apoyo a un pueblo cercado que no solo había sido atacado en la Guerra del Golfo sino a lo largo de toda su historia. Todos los alardes y fanfarronerías de Saddam Hussein contra Israel fallaron. Una vez más, Israel sobrevivió.

Si bien la mayoría de los estadounidenses creen que los ataques de Saddam a Israel formaron parte de un complot con miras a unificar al mundo árabe musulmán bajo su liderazgo en contra de Estados Unidos en la Guerra del Golfo, las cosas no fueron tan sencillas. Parte de su motivación era devolverle a Irak la gloria que la antigua Babilonia conoció bajo el reinado de su más poderoso soberano, Nabucodonosor, que gobernó Babilonia entre 602-562 A.C. La relación de Babilonia (actual Irak) e Israel tiene mucha historia, la que se desprende de la historia de la relación de Israel con los grandes poderes del mundo antiguo.

## EGIPTO E ISRAEL

El primero de esos grandes poderes fue Egipto. En el mundo antiguo, no hubo reino más grandioso que Egipto. Su dinastía comenzó en el año 3100 A.C., y no terminó oficialmente hasta que los persas los vencieron en 343 A.C. Durante los días en que dominaron el mundo, uno de los hijos de Jacob (o Israel), José, fue vendido como esclavo por sus hermanos a los ismaelitas (Génesis 37.28), los que a su vez lo venderían más tarde a los egipcios. Si alguna vez dudas sobre cómo instrumenta Dios los acontecimientos de la historia, lee el relato de José en Génesis 37-50. Los herederos nómadas de Ismael pasaban por allí y se convirtieron en los intermediarios de la venta de José a Egipto como esclavo. Dios, tras bambalinas, dirige este drama divino en el que José pasa de ser un esclavo confiable a ser uno acusado falsamente y luego a ser el primer ministro de Egipto, con Faraón como único superior. «Lo que el hombre genera a partir del mal, Dios puede convertirlo en un medio para el bien» (Génesis 50.20, paráfrasis del autor). José creía eso. Mientras se desempeñó como primer ministro, se convirtió en el salvador de Egipto e Israel mediante su sabio plan para hacerlos sobrevivir una hambruna de siete años. Israel y todos sus hijos habían ido a Egipto en busca de comida y se quedaron allí.

Pero, con el tiempo, surgieron en Egipto faraones «que no conocía[n] a José» (Éxodo 1.8). Con el tiempo, los egipcios esclavizaron a los israelitas, esclavitud que duraría unos cuatrocientos años. Dios finalmente intervino con Moisés, su líder especialmente preparado y elegido para liberar a Israel de la esclavitud e iniciar el viaje hacia la tierra que Dios les había prometido. Todo eso había sido claramente profetizado por Dios a Abraham más de cuatrocientos años antes: «Entonces Jehová dijo a Abram: Ten por cierto que tu descendencia morará en tierra ajena, y será esclava allí, y será oprimida cuatrocientos años. Mas también a la nación a la cual servirán, juzgaré yo; y después de esto saldrán con gran riqueza» (Génesis 15.13-14). Dios usó a Moisés para liberar de la esclavitud a los hijos de Israel, y eso fue un presagio de lo que hace Jesús por los que confiamos en Él: nos libera de la esclavitud del pecado para que podamos comenzar nuestro viaje a la última tierra prometida, el cielo. Los judíos recuerdan su salvación de Egipto con la celebración de la Pascua (*Pésaj*), momento en que todos los hogares sacrificaron el mejor cordero que tenían y esparcieron su sangre en los marcos de las puertas. Eso se hizo para que cuando el ángel de la muerte enviado por Dios pasara sobre Egipto para ejecutar su juicio con la muerte del primogénito de cada familia, evadiera los hogares de fe, los de los judíos esclavizados. Dios envió esta última plaga de juicio sobre Egipto debido al corazón endurecido de ese reino y a su negativa pertinaz a confiar en el Dios de Israel y permitir que su pueblo se marchara.

Según el tiempo perfecto de Dios, Jesús y sus discípulos judíos observaron la celebración de la Pascua la noche anterior a su crucifixión. Con eso comienza el primer paralelo cristiano con las festividades antiguas de

Israel. Los cristianos observan la Eucaristía, o la Santa Cena, con la certeza de que Jesús es el Cordero de Dios, sacrificado para liberarnos de la esclavitud del pecado. La confianza en Él por medio del derramamiento de su sangre nos libra del juicio de Dios y de la muerte, del mismo modo en que confiar en Dios por medio del cordero de la Pascua salvó a Israel. Dios liberó a Israel de una prolongada esclavitud en Egipto y liberó a los cristianos de la esclavitud del pecado.

Egipto e Israel, Cristo y los cristianos: la conexión histórica es muy tangible. Esa es la razón por la que —cuando Anwar El Sadat de Egipto y Menachem Begin de Israel firmaron el tratado de paz conocido como los Acuerdos de Camp David durante la presidencia del cristiano practicante Jimmy Carter—, los egipcios, los judíos y los cristianos quedaron sorprendidos, al igual que cualquiera que conociera la historia bíblica. Eso fue lo más destacado de la presidencia de Jimmy Carter.

Más adelante, cuando el presidente Sadat, de fe musulmana, viajó a Israel y habló ante el parlamento de esa nación, *Knesset*, el mundo se sintió doblemente sacudido, por la relación histórica de Egipto e Israel. La valentía que demostró Anwar El Sadat fue increíble. Lamentablemente, esa valentía le costaría la vida a manos de musulmanes que consideraron que los había traicionado. Por fortuna, el sucesor de Sadat, Hosni Mubarak, y una larga lista de primeros ministros de Israel, mantuvieron la mayor parte de los Acuerdos de Camp David.

## REINOS ANTIGUOS QUE SE ENFRENTARON A EGIPTO

Es cierto que ningún reino de la antigüedad puede compararse con Egipto en cuanto a longevidad o grandeza. Después de Egipto, los imperios o reinos que dominaron el mundo tuvieron vidas más cortas. Los hititas (o heteos), parte de lo que hoy es Turquía y Siria, desafiaron el dominio mundial de Egipto en los siglos xiv y xiii A.C.[1] Este es uno de los muchos pueblos que habitaban la antigua Canaán (la tierra prometida) cuando Abraham fue guiado hasta ella por Dios. En efecto, el primer derecho oficial de Abraham sobre esa tierra se describe en Génesis 23.10-15:

> Este Efrón estaba entre los hijos de Het; y respondió Efrón heteo a Abraham, en presencia de los hijos de Het, de todos los que entraban por la puerta de su ciudad, diciendo: No, señor mío, óyeme: te doy la heredad, y te doy también la cueva que está en ella; en presencia de los hijos de mi pueblo te la doy; sepulta tu muerta. Entonces Abraham se inclinó delante del pueblo de la tierra, y respondió a Efrón en presencia del pueblo de la tierra, diciendo: Antes, si te place, te ruego que me oigas. Yo daré el precio de la heredad; tómalo de mí, y sepultaré en ella mi muerta. Respondió Efrón a Abraham, diciéndole: Señor mío, escúchame: la tierra vale cuatrocientos siclos de plata; ¿qué es esto entre tú y yo? Entierra, pues, tu muerta.

Abraham le compró a los hititas un terreno alrededor de Hebrón para enterrar a su esposa Sara por cuatrocientos siclos de plata. En la actualidad, Hebrón es un sitio muy peligroso. Tanto los judíos israelitas como los musulmanes palestinos sienten que ese lugar los conecta con Abraham, y hay una gran violencia relacionada con el derecho sobre esta tierra.

Los hititas desafiaron al poder de Egipto por un tiempo, pero su importancia no tardó en decaer. Luego fue el turno de los etíopes, descritos en la Biblia como el pueblo de Cus, que conquistaron Egipto por un breve período (715-671 A.C.).[2]

En 671 A.C., los asirios invadieron Egipto y saquearon algunas de sus ciudades clave. Durante los siguientes cincuenta años, Asiria y Egipto compitieron por el dominio mundial. Los historiadores siguen debatiendo cuál de las dos naciones fue la más fuerte durante todo ese período de contienda. Para darte una idea, imagina el breve desafío del imperio soviético al poderío mundial de Estados Unidos durante el siglo xx.

Aun así, Asiria tuvo su importancia, ya que se convirtió en parte sustancial de la historia bíblica durante el período de los reyes de Israel y Judá. Eso se describe sobre todo en los libros 1 y 2 de Reyes y en el libro paralelo 2 de Crónicas. Muchos de los profetas del Antiguo Testamento vituperaron a Asiria, pero de los profetas judíos que hablaron al reino asirio, Jonás es el ejemplo más conocido. Dios lo llamó a predicar en Nínive, la capital asiria. Jonás no estaba precisamente interesado en esa tarea, de modo que se embarcó en dirección al oeste, aunque Nínive quedaba hacia el este. Jonás estaba huyendo de Dios. Sin embargo, cuando Dios se sirvió de una tormenta en altamar y de un pez grande y poderoso para que Jonás reflexionara profundamente sobre lo estúpido de sus planes, este se dio cuenta de que no existe lugar en la tierra donde podamos escondernos de Dios. ¡Qué historia tan increíble! Pero es cierta. Es más, Jesús menciona este hecho histórico en Mateo 12.38-41.

Finalmente, Jonás se dirigió al este, hacia la gran ciudad de Nínive, y dio un sermón de una sola frase: «De aquí a cuarenta días Nínive será destruida» (Jonás 3.4). Para disgusto de Jonás, el pueblo de Nínive se arrepintió y Dios los perdonó. Jonás, como todos los judíos, había sufrido mucho a manos de los asirios y quería que Dios ejecutara su juicio sobre ellos. Jonás se convirtió en el inusual predicador que se deprime y se enfada cuando un pueblo pecador y malvado responde a su sermón de advertencia y condena con fe y arrepentimiento. Si llevas mucho tiempo sin leer el libro de Jonás, es una buena idea echarle un vistazo: no se trata solamente de una magnífica historia increíble, sino que es una lectura graciosa y divertida que nos recuerda el asombroso poder de Dios mediante la historia de un profeta muy humano y reacio. ¡Vamos!, deja este libro por un momento y léelo. Son apenas cuatro capítulos. Solo te tomará unos minutos. Te encantará.

Los asirios eran un reino poderoso enclavado en lo que actualmente es el norte de Irak y Siria. Después de ellos, llegaron los babilonios.

## BABILONIA E ISRAEL

El siguiente gran poder mundial estuvo emplazado en la antigua ciudad de Babilonia, en el actual sur de Irak. Babilonia borró al reino asirio de la faz de la tierra en el año 610 A.C.[3] Si bien el Imperio Egipcio persistía como una gran autoridad, estaba en decadencia. Babilonia fue el reino más poderoso de la tierra entre 610 y 539 A.C. El gran soberano de Babilonia fue un hombre llamado Nabucodonosor, idolatrado por Saddam Hussein. La historia de su relación con Israel es increíble. Conquistó Jerusalén en 597 A.C. y luego comenzó a deportar grandes cantidades de judíos a Babilonia (2 Reyes 24.10-12). Por un tiempo, permitió que los reyes judíos reinaran bajo su autoridad en Jerusalén, pero en 587 A.C., tras numerosas rebeliones, Nabucodonosor arrasó con la capital de Jerusalén. Eso incluyó el gran templo erigido por Salomón unos cuatrocientos años antes (2 Reyes 25). Luego, se llevó a gran parte de los judíos conquistados a Babilonia para que sirvieran como esclavos en lo que se conoce como "cautiverio babilónico" o "exilio babilónico". Ese fue un período especialmente oscuro de la historia del pueblo judío. Babilonia y Nabucodonosor se convertirían en sinónimos de un poder terrenal contrario a Dios y a los valores divinos, por lo que ambos enfrentarían luego el juicio de Dios. En ese sentido, ambos desempeñan un papel muy importante en la historia bíblica de Israel que no puede pasarse por alto. ¿A qué papel me refiero?

*Dios usará naciones paganas terrenales para ejecutar su juicio sobre su pueblo rebelde.* El libro de Jueces toca este tema una y otra vez. Israel pierde el favor de Dios a causa de su idolatría y desenfreno, por eso Dios envía a las naciones paganas enemigas a ejecutar su juicio sobre ellos hasta que le piden que tenga misericordia de ellos. Entonces, Dios instaura un salvador (o juez) temporal para que guíe a Israel al arrepentimiento y luego a derrocar a sus opresores.

Eso es lo que Dios hizo por medio de Nabucodonosor y Babilonia. El profeta de Israel que más intervino en el arrepentimiento de Israel fue Jeremías, que les dejó en claro que si no se arrepentían, Dios les enviaría a Babilonia y a Nabucodonosor para que ejecutaran su juicio sobre ellos. «Así ha dicho Jehová: He aquí que viene pueblo de la tierra del norte, y una nación grande se levantará de los confines de la tierra» (Jeremías 6.22). El enemigo del norte era Babilonia, un conquistador cruel y poderoso. Desde el punto de vista humano, eran imparables; desde la perspectiva teológica de Jeremías, representaban la ira y el juicio de Dios con la rebelde Israel.

Y envió Jehová a vosotros todos sus siervos los profetas, enviándoles desde temprano y sin cesar; pero no oísteis, ni inclinasteis vuestro oído para escuchar cuando decían: Volveos ahora de vuestro mal camino y de la maldad de vuestras obras, y moraréis en la tierra que os dio Jehová a vosotros y a vuestros padres para siempre; y no vayáis en pos de dioses ajenos, sirviéndoles y adorándoles, ni me provoquéis a ira con la obra de vuestras manos; y no os haré mal.

Pero no me habéis oído, dice Jehová, para provocarme a ira con la obra de vuestras manos para mal vuestro. Por tanto, así ha dicho Jehová de los ejércitos: Por cuanto no habéis oído mis palabras, he aquí enviaré y tomaré a todas las tribus del norte, dice Jehová, y a Nabucodonosor rey de Babilonia, mi siervo, y los traeré contra esta tierra y contra sus moradores, y contra todas estas naciones en derredor; y los destruiré, y los pondré por escarnio y por burla y en desolación perpetua. Y haré que desaparezca de entre ellos la voz de gozo y la voz de alegría, la voz de desposado y la voz de desposada, ruido de molino y luz de lámpara. Toda esta tierra será puesta en ruinas y en espanto; y servirán estas naciones al rey de Babilonia setenta años». (Jeremías 25.4-11)

Ese día de juicio llegó entre 597 y 587 A.C.

Uno de los profetas de Dios que fue llevado a Babilonia durante el cautiverio babilónico fue Daniel, y con él había también otros tres jóvenes héroes de la fe. Daniel 1.6 nos dice que estos eran Ananías, Misael y Azarías. Los judíos y cristianos estudiosos de la Biblia los conocen por sus nombres babilonios: Sadrac, Mesac y Abed-nego. En Daniel 3, estos tres muchachos dan el máximo ejemplo de fe cuando Nabucodonosor les da la opción de que se postren ante la enorme estatua de oro de Nabucodonosor de treinta metros de alto o que acaben en un horno de fuego ardiendo. Su respuesta, en Daniel 3.16-18, es memorable: «Sadrac, Mesac y Abed-nego respondieron al rey Nabucodonosor, diciendo: No es necesario que te respondamos sobre este asunto. He aquí nuestro Dios a quien servimos puede librarnos del horno de fuego ardiendo; y de tu mano, oh rey, nos librará. Y si no, sepas, oh rey, que no serviremos a tus dioses, ni tampoco adoraremos la estatua que has levantado».

Nabucodonosor, un típico soberano megalómano, se enfureció con su respuesta. Pero no era solo megalómano: es el verdadero arquetipo del anticristo que busca egocéntricamente unificar el mundo en torno a sí mismo. Sadrac, Mesac y Abed-nego demostraron que la verdadera fe cree que Dios es todopoderoso, que Él puede hacerlo todo. Podía intervenir milagrosamente para salvarlos del fuego, pero incluso si no lo hacía, ellos igualmente confiarían en Él y lo obedecerían. ¡Vaya fe! ¡Qué fe tan increíble! Dios los salvó milagrosamente y probó así que es todopoderoso, incluso más que los mayores poderes mundiales: Babilonia y Nabucodonosor. Pero la historia no termina aquí.

Dios usó a Daniel para interpretar los sueños de Nabucodonosor y revelar la asombrosa profecía de que después de Babilonia, el Imperio Medo-Persa surgiría como poder mundial dominante, seguido por los griegos y, luego, los romanos. Esta revelación puede encontrarse en Daniel 2. Pero Nabucodonosor no les contó a sus hechiceros y magos, ni siquiera a Daniel, el sueño que había tenido, sino que les pidió que le dijeran a él lo que había soñado y le dieran la interpretación correcta. Por el poder de Dios, Daniel pudo cumplir con el pedido del rey y pudo darle a Nabucodonosor un poderoso testimonio del único y verdadero Dios. Entonces, el rey convirtió a Daniel —un extranjero, un esclavo hebreo— en primer ministro del reino de Babilonia, con Nabucodonosor como único superior, tal como había sucedido años antes con José y el faraón de Egipto (Daniel 2.46-49).

Nabucodonosor quedó tan impresionado con la sabiduría y la fe de Daniel, y luego con Sadrac, Mesac y Abed-nego, que comenzó a profesar fe en el Dios de ellos como único Dios verdadero en Daniel 4. Después, Nabucodonosor tuvo otro sueño perturbador. Daniel volvió a interpretarlo correctamente, si bien sintió terror de hacerlo: le dijo al rey que enloquecería y viviría con los animales en el campo y se comportaría como ellos. Daniel 4.28-33 nos cuenta esta historia:

> Todo esto vino sobre el rey Nabucodonosor. Al cabo de doce meses, paseando en el palacio real de Babilonia, habló el rey y dijo: ¿No es ésta la gran Babilonia que yo edifiqué para casa real con la fuerza de mi poder, y para gloria de mi majestad? Aún estaba la palabra en la boca del rey, cuando vino una voz del cielo: A ti se te dice, rey Nabucodonosor: El reino ha sido quitado de ti; y de entre los hombres te arrojarán, y con las bestias del campo será tu habitación, y como a los bueyes te apacentarán; y siete tiempos pasarán sobre ti, hasta que reconozcas que el Altísimo tiene el dominio en el reino de los hombres, y lo da a quien él quiere. En la misma hora se cumplió la palabra sobre Nabucodonosor, y fue echado de entre los hombres; y comía hierba como los bueyes, y su cuerpo se mojaba con el rocío del cielo, hasta que su pelo creció como plumas de águila, y sus uñas como las de las aves.

Nabucodonosor se había hinchado de orgullo y creía que su grandeza se debía solo a él mismo, de modo que Dios lo humilló para recordarle a él —y a todos los que son como él— que su grandeza provenía de Dios. Después de siete años, cuando Nabucodonosor se arrepintió, recuperó la razón, la soberanía y la grandeza.

> Mas al fin del tiempo yo Nabucodonosor alcé mis ojos al cielo, y mi razón me fue devuelta; y bendije al Altísimo, y alabé y glorifiqué al que vive para siempre,
>
>> *cuyo dominio es sempiterno,*
>> *y su reino por todas las edades.*
>> *Todos los habitantes de la tierra son considerados como nada;*
>> *y él hace según su voluntad en el ejército del cielo,*
>> *y en los habitantes de la tierra,*
>> *y no hay quien detenga su mano,*
>> *y le diga: «¿Qué haces?»*
>
> En el mismo tiempo mi razón me fue devuelta, y la majestad de mi reino, mi dignidad y mi grandeza volvieron a mí, y mis gobernadores

y mis consejeros me buscaron; y fui restablecido en mi reino, y mayor grandeza me fue añadida. Ahora yo Nabucodonosor alabo, engrandezco y glorifico al Rey del cielo, porque todas sus obras son verdaderas, y sus caminos justos; y él puede humillar a los que andan con soberbia. (Daniel 4.34-37)

Lo que le sucedió a Nabucodonosor es un recordatorio de lo que le puede suceder a cualquiera que se llene de orgullo. Cuando eso nos suceda, Dios nos humillará y nos recordará que Él es Dios, no nosotros.

El rey murió, y Daniel siguió al servicio del sucesor de Nabucodonosor, Belsasar. También interpretó los sueños del nuevo monarca y valientemente profetizó que el Imperio Medo-Persa acabaría con su poder:

Y la escritura que trazó es: MENE, MENE, TEKEL, UPARSIN. Ésta es la interpretación del asunto: MENE: Contó Dios tu reino, y le ha puesto fin. TEKEL: Pesado has sido en balanza, y fuiste hallado falto. PERES: Tu reino ha sido roto, y dado a los medos y a los persas. Entonces mandó Belsasar vestir a Daniel de púrpura, y poner en su cuello un collar de oro, y proclamar que él era el tercer señor del reino. La misma noche fue muerto Belsasar rey de los caldeos. (Daniel 5.25-30)

La profecía de Daniel se cumplió y se marchó a otro reino a servir a otro rey, y hasta sobrevivió al foso de los leones en el camino.

## LA RESTAURACIÓN DE ISRAEL

Dios estaba dejando en claro que usaría el poder terrenal pagano para disciplinar y ejecutar su juicio sobre su pueblo. Tenía la esperanza de que, con eso, su pueblo elegido se arrepintiera y volviera su fe a Él. Pero Dios deja otra cosa en claro: aquellos a quienes use para juzgar a Israel luego enfrentarán la ira de Dios por su maldad, crueldad y orgullo terrenales. Nabucodonosor y los babilonios fueron el mayor poder mundial en su momento. Aun cuando todos les temían, no tenían poder sobre Dios, que instrumentaba ciertos acontecimientos para enseñarle a Israel —y a todos los que confiamos en que la Biblia es la Palabra de Dios— que Él escribe la historia. Israel sería restaurado; Dios no los había olvidado. El profeta que irritó a Israel con su profecía lúgubre y oscura sería el mismo que pronunciaría la Palabra de Dios con respecto a la restauración de Israel. Esto es lo que dice la profecía en Jeremías 29.4-14:

«Así ha dicho Jehová de los ejércitos, Dios de Israel, a todos los de la cautividad que hice transportar de Jerusalén a Babilonia: Edificad casas, y habitadlas; y plantad huertos, y comed del fruto de ellos. Casaos, y engendrad hijos e hijas; dad mujeres a vuestros hijos, y dad maridos a vuestras hijas, para que tengan hijos e hijas; y multiplicaos ahí, y no os disminuyáis. Y procurad la paz de la ciudad a la cual os hice transportar, y rogad por ella a Jehová; porque en su paz tendréis vosotros paz.

»Porque así ha dicho Jehová de los ejércitos, Dios de Israel: No os engañen vuestros profetas que están entre vosotros, ni vuestros adivinos; ni atendáis a los sueños que soñáis. Porque falsamente os profetizan ellos en mi nombre; no los envié, ha dicho Jehová.

»Porque así dijo Jehová: Cuando en Babilonia se cumplan los setenta años, yo os visitaré, y despertaré sobre vosotros mi buena palabra, para haceros volver a este lugar. Porque yo sé los pensamientos que tengo acerca de vosotros, dice Jehová, pensamientos de paz, y no de mal, para daros el fin que esperáis. Entonces me invocaréis, y vendréis y oraréis a mí, y yo os oiré; y me buscaréis y me hallaréis, porque me buscaréis de todo vuestro corazón. Y seré hallado por vosotros, dice Jehová, y haré volver vuestra cautividad, y os reuniré de todas las naciones y de todos los lugares adonde os arrojé, dice Jehová; y os haré volver al lugar de donde os hice llevar».

El versículo 11 se ha convertido en una clave para muchos cristianos —especialmente los que atraviesan épocas difíciles—: «Porque yo sé los pensamientos que tengo acerca de vosotros, dice Jehová, pensamientos de paz, y no de mal, para daros el fin que esperáis». Es una maravillosa promesa de Dios a todos sus seguidores de que Él está a cargo de todos los planes para nuestra vida. No importa cuán difíciles parezcan las cosas, Dios no se olvida de nosotros. Todavía tenemos motivos para tener esperanzas en el futuro.

La promesa de Dios en Jeremías 29.11 cobra un significado más profundo cuando conocemos el contexto en que la pronunció. Anteriormente, Jeremías había tenido palabras duras para el pueblo de Israel. Su profecía en cuanto a que el juicio de Dios sobre su pueblo elegido se ejecutaría por medio de un poder pagano como Babilonia no fue un mensaje popular ni agradable. Tanto él como su mensaje sufrieron el rechazo de un pueblo rebelde que no quería escuchar la verdad. En ese sentido, Israel era como muchos cristianos actuales, según 2 Timoteo 4.3-4: «Porque vendrá tiempo cuando no sufrirán la sana doctrina, sino que teniendo comezón de oír, se amontonarán maestros conforme a sus propias concupiscencias, y apartarán de la verdad el oído y se volverán a las fábulas».

Sin embargo, si bien la Palabra de Dios transmitida por Jeremías era dura, dejaba entrever la gracia de Dios. Sí, Dios no está contento con ustedes; sí, debe imponerles disciplina y ejecutar su juicio sobre ustedes, pero no los ha abandonado. Todavía tiene grandes planes para ustedes: un futuro y esperanza. «Entonces [esta palabra clave quiere decir "cuando"] me invocaréis, y vendréis y oraréis a mí, y yo os oiré» (Jeremías 29.12). Dios le aseguró a Israel que restauraría sus bendiciones y recuperaría sus partes integrantes de todas las naciones donde habían sido arrojadas. «Y me buscaréis y me hallaréis, porque me buscaréis de todo vuestro corazón. Y seré hallado por vosotros, dice Jehová, y haré volver vuestra cautividad, y os reuniré de todas las naciones y de todos los lugares adonde os arrojé, dice Jehová; y os haré volver al lugar de donde os hice llevar» (vv. 13-14).

¿Qué quiso decir Jeremías con las palabras de Dios «y os reuniré de *todas las naciones* y de todos los lugares adonde os arrojé?» Las profecías bíblicas suelen tener distintos niveles de significado. La Palabra de Dios pronunciada por el profeta habla de los sucesos contemporáneos de la época. Como esta es la Palabra de Dios, y Dios maneja la historia y el tiempo, su palabra habla acerca de un momento específico de la historia, como el cautiverio babilónico de Israel. Sin embargo, la Palabra de Dios habla de manera universal en versículos como Jeremías 29.11 y se refiere a más de un suceso en Jeremías 29.14. En ese momento de la historia, Israel había sido llevada a Babilonia, pero unos seiscientos años después, en 70 A.D., Roma arrasaría a Jerusalén y al templo judío.

Durante los siguientes sesenta años, comenzaron a expulsar a los judíos desde su tierra a diferentes naciones en todo el mundo. Ni los judíos ni el mundo imaginaban que, casi dos mil años después, las palabras de Dios en Jeremías 29.14 volverían a cumplirse. En este preciso momento, la congregación de judíos de todas partes del mundo sigue ocurriendo en Israel. Comenzó de manera masiva después de 1948, cuando Israel renació como nación en la tierra que Dios les prometió por medio de Abraham, Isaac y Jacob.

Lo que resulta interesante del deseo de Saddam Hussein de devolverle a Irak la grandeza de los días de Nabucodonosor y Babilonia es que su esfuerzo resultó infructuoso. Ambos maltrataron a Israel, pero esta no será destruida. Incluso cuando Israel cayó en el cautiverio babilónico y pareció desaparecer, no lo hizo. Israel no será destruida; es el pueblo elegido de Dios.

Después del exilio babilónico, Israel regresó a su hogar. Luego, en 70 A.D., Roma arrasó con Jerusalén y expulsó a los judíos de Israel y Judea para que nunca más regresaran. Sin embargo, casi dos mil años más tarde, Israel volvió a nacer como nación, y el hebreo —el idioma usado únicamente por rabinos y en los *bar mitzvahs*— fue restaurado.

Al menos una vez más en la historia, la realidad de Israel volverá a ser sombría cuando el último anticristo gobierne la nueva Babilonia, una Babilonia simbólica que representa el poder y los valores terrenales, tal como lo describe Apocalipsis 17-18. Pero Israel también sobrevivirá ese momento, ya lo veremos. Esa es la promesa de la Palabra de Dios.

# 8

## La mayor amenaza que enfrenta
## Israel hoy
### Irán

*Así ha dicho Ciro rey de Persia: Jehová el Dios de los cielos me ha dado todos los reinos de la tierra, y me ha mandado que le edifique casa en Jerusalén, que está en Judá. Quien haya entre vosotros de su pueblo, sea Dios con él, y suba a Jerusalén que está en Judá, y edifique la casa a Jehová Dios de Israel (él es el Dios), la cual está en Jerusalén.*

—ESDRAS 1.2-3

«Israel es una mancha deshonrosa que debería ser borrada de la faz de la tierra».[1] Estas fueron las palabras de Mahmoud Ahmadinejad, presidente de Irán, el 26 de octubre de 2005. Sus palabras estremecieron al mundo occidental, y fue profundamente repudiado por Estados Unidos, Gran Bretaña, Francia, Alemania e Israel. Muchos pensaron: *«Este hombre debe de estar loco»*. Sin embargo, esa reacción revela una epidemia de ignorancia histórica y bíblica.

En el capítulo 7, vimos la relación histórica de Israel con otras naciones de Medio Oriente. Pero existe otra que debemos analizar: su relación con Irán. No existe nación que represente mayor amenaza para Israel y para la paz en Medio Oriente que Irán. Se trata de una relación que se remonta a miles de años atrás.

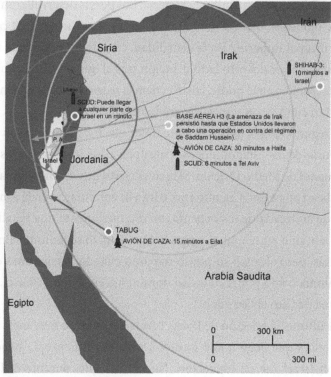

Amenazas regionales a Israel

© 2003 Koret Communications Ltd. www.koret.com

Irán es el nombre actual del antiguo reino de Persia. Hay tres cosas que debemos saber sobre el pueblo persa. En primer lugar, tienen un rico legado cultural y tuvieron una gran influencia en el desarrollo de la civilización. Su influencia fue especialmente grande en los ámbitos legal, gubernamental y económico. Estaban comprometidos con el estado de derecho, y si bien sus reyes tenían mucho poder, conferían autoridad a la ley local y la apoyaban. Su gobierno se convirtió en uno de los mejor organizados de la historia de la humanidad. El imperio persa fue vasto: se extendió desde India hasta el norte de África, y desde Macedonia hasta Asia Menor y el sur de Rusia. Estaba dividido en satrapías —una especie de naciones—, y estas estaban divididas en provincias —el equivalente a nuestros estados—. La cultura occidental tiende a exaltar la grecorromana como la cuna de la civilización, pero en realidad Grecia y Roma recibieron mucha influencia persa. Los persas desarrollaron el acuñado de monedas, una economía monetaria y una vasta red de caminos para unificar al imperio.[2] En la actualidad, cuando un occidental tiene la posibilidad de ver del otro lado del telón tras el que se oculta el opresivo régimen islámico en el poder, con frecuencia se sorprende al encontrar un pueblo tan culto y con semejante grado de sofisticación.

En segundo lugar, es importante notar que los iraníes no son árabes. La mayoría de los estadounidenses agrupan a los iraníes con los árabes musulmanes de Medio Oriente. Si bien es cierto que son musulmanes, no son árabes; son persas. Cuando Irak e Irán se enfrentaron en la sangrienta guerra de la década de los ochenta, no era meramente una batalla entre Irak e Irán, sino entre árabes y persas. Su conflicto se remonta a miles de años atrás, pero alcanzó su punto máximo cuando Persia tomó el lugar de Babilonia como poder mundial dominante en el año 539 A.C., bajo la soberanía de Ciro el Grande.

Por último, la relación de Persia con Israel empezó muy bien. ¿Cómo fue entonces que llegó a este punto? Desde el comienzo, la relación de Irán con Israel fue de liberación. No olvides que, durante el Imperio Babilónico, Jerusalén y el templo fueron destruidos y la mayoría de los judíos fueron hechos prisioneros de Babilonia. Cuando Ciro el Grande destronó a Babilonia, tomó la decisión de permitir a los judíos regresar a su tierra. El libro 2 de Crónicas y el de Esdras hablan sobre esto:

> Mas al primer año de Ciro rey de los persas, para que se cumpliese la
> palabra de Jehová por boca de Jeremías, Jehová despertó el espíritu de

Ciro rey de los persas, el cual hizo pregonar de palabra y también por escrito, por todo su reino, diciendo: Así dice Ciro, rey de los persas: Jehová, el Dios de los cielos, me ha dado todos los reinos de la tierra; y él me ha mandado que le edifique casa en Jerusalén, que está en Judá. Quien haya entre vosotros de todo su pueblo, sea Jehová su Dios con él, y suba. (2 Crónicas 36.22-23)

Estas palabras se repiten prácticamente en Esdras 1.1-3. Ese fue el excelente comienzo de la relación entre Persia e Israel.

## LA SORPRENDENTE PROFECÍA DE CIRO

En el capítulo anterior echamos un vistazo a la profecía que Jeremías hizo a Israel en cuanto a que Dios enviaría a Babilonia para ejecutar su juicio sobre Israel y que esta serviría a Babilonia. Pero Dios usó a otro profeta que vivió unos doscientos años antes de Ciro el Grande para dar detalles aun más específicos al respecto.

«*[Soy Yo] que dice de Ciro: Es mi pastor,*
> *y cumplirá todo lo que yo quiero,*
> *al decir a Jerusalén: Serás edificada;*
> *y al templo: Serás fundado.*

> *»Así dice Jehová a su ungido, a Ciro,*
> *al cual tomé yo por su mano derecha,*
> *para sujetar naciones delante de él*
> *y desatar lomos de reyes;*
> *para abrir delante de él puertas, y las puertas no se cerrarán:*
> *»Yo iré delante de ti, y enderezaré los lugares torcidos;*
> *quebrantaré puertas de bronce, y cerrojos de hierro haré pedazos;*
> *y te daré los tesoros escondidos,*
> *y los secretos muy guardados,*

*para que sepas que yo soy Jehová,*
*el Dios de Israel, que te pongo nombre.*
»*Por amor de mi siervo Jacob,*
  *y de Israel mi escogido,*
  *te llamé por tu nombre;*
  *te puse sobrenombre,*
  *aunque no me conociste.*
»*Yo soy Jehová, y ninguno más hay;*
  *no hay Dios fuera de mí.*
  *Yo te ceñiré, aunque tú no me conociste,*
  *para que se sepa desde el nacimiento del sol, y hasta donde se pone,*
  *que no hay más que yo;*
  *yo Jehová, y ninguno más que yo*». (Isaías 44.28-45.6)

Esto es increíble. Mucho tiempo antes de que Ciro existiera, antes de que los imperios babilónico y persa dominaran el mundo, Dios llevó a Isaías a profetizar esos precisos acontecimientos de la historia. Lo que también resulta sorprendente es que cuando Ciro conquistó Babilonia, los líderes judíos se acercaron a él y le mostraron este pasaje de la santa Palabra de Dios.[3]

¿Te imaginas el impacto que esto tuvo en su opinión del Dios de los judíos? Ciro ya había mostrado sabiduría terrenal al honrar públicamente a los dioses de cada nación y pueblo que conquistaba. Eso formaba parte de su genio político, el que igualaba su genio militar para unificar su imperio sin dejar de respetar las creencias y tradiciones de cada una de las naciones conquistadas.[4] En el siglo XIX se descubrieron documentos históricos sobre Ciro en las ruinas de Babilonia. Estos decían: «Yo soy Ciro, el rey del mundo... Marduk, un gran dios, se regocija con mis actos piadosos». Sin embargo, el gran historiador británico Paul Johnson escribió: «En realidad, Ciro era seguidor del zoroastrismo y creía en un ser eterno y benéfico "creador de todas las cosas por medio del espíritu santo"».[5] Esta antigua religión se desarrolló en Persia entre los años 1400 y 1000 A.C. y permeó el pensamiento persa. El zoroastrismo enseña que hay un Dios supremo.[6]

Qué revelación debe de haber sido para Ciro escuchar a los líderes judíos leer de su Libro Sagrado las palabras del profeta Isaías, escritas mucho tiempo antes de que Babilonia dominara al mundo y también mucho antes de su propia existencia. Debe de haber sido un momento decisivo para él. Se trataba de una instrucción clara de Dios de que no solo había que reconstruir Jerusalén y establecer los cimientos del templo, sino que Ciro era el hombre que Dios había elegido para hacerlo. Dios lo estaba bendiciendo con un gran éxito para que Ciro pudiera conocer al único Dios verdadero de Israel. Qué sorprendente es la confiabilidad de la Palabra de Dios. Es un maravilloso recordatorio de que Él controla la historia.

El libro de Esdras describe cómo se desarrolló el cumplimiento de ese llamado a Ciro. El profeta escribió sobre la orden del líder persa de devolver los artículos del templo que Nabucodonosor había saqueado (1.5-11). Con ese acto, Ciro estaba entregando una enorme riqueza a Israel porque creía en la Palabra de Dios con respecto a su propio destino. Los israelitas comenzaron a regresar a su tierra en grandes grupos, y empezó la restauración del templo (Esdras 3).

El trabajo tomaría años, y cuando quienes habían vuelto del exilio comenzaron a encontrar oposición, los líderes judíos enviaron una carta a uno de los sucesores de Ciro para pedir ayuda. Para desgracia de los judíos, su respuesta fue que interrumpieran los trabajos de reconstrucción. Resulta interesante notar que la oposición venía de los samaritanos (medio judíos que se habían mezclado con los asirios), los edomitas (herederos de Esaú), y los árabes (herederos de Ismael). Sin embargo, años después uno de sus sucesores, Darío el Grande, revisó los registros históricos y encontró el edicto de Ciro para la reconstrucción del templo de Jerusalén, por lo que dio la orden de que se retomaran las obras (Esdras 5-6). El templo fue finalmente terminado en 516 A.C., durante el reinado de Darío, cuatro años después de que este hubiera ordenado la finalización de las obras.

Alrededor de ochenta años más tarde, otro rey persa, Artajerjes, le permitió al brillante líder Nehemías que abandonara su corte y reconstruyera los muros alrededor de Jerusalén. Sin lugar a dudas, el Imperio Persa fue una bendición para los judíos en muchos sentidos.

## TENSIONES ENTRE PERSIA E ISRAEL

El liderazgo sin par de Ciro y Darío marcó la pauta de la relación de Persia con Israel. Aunque la relación comenzó bien, las cosas no continuaron del mismo modo. Daniel había asumido gran poder en el gobierno babilónico. Después de la conquista de Babilonia por el Imperio Medopersa, el profeta siguió siendo un respetado gobernante en la región. Sin embargo, la envidia de algunos funcionarios de gobierno hacia Daniel, un extranjero, hizo que urdieran un complot contra él. Daniel 6 cuenta la increíble historia de cómo protegió Dios a Daniel cuando lo arrojaron a un foso de leones. Cuando se descubrió que Daniel había sobrevivido a esa noche, el rey Darío se sintió movido a proclamar al Dios de Daniel como el único Dios verdadero:

> El rey, pues, se levantó muy de mañana, y fue apresuradamente al foso de los leones. Y acercándose al foso llamó a voces a Daniel con voz triste, y le dijo: Daniel, siervo del Dios viviente, el Dios tuyo, a quien tú continuamente sirves, ¿te ha podido librar de los leones? Entonces Daniel respondió al rey: Oh rey, vive para siempre. Mi Dios envió su ángel, el cual cerró la boca de los leones, para que no me hiciesen daño, porque ante él fui hallado inocente; y aun delante de ti, oh rey, yo no he hecho nada malo. Entonces se alegró el rey en gran manera a causa de él, y mandó sacar a Daniel del foso; y fue Daniel sacado del foso, y ninguna lesión se halló en él, porque había confiado en su Dios. Y dio orden el rey, y fueron traídos aquellos hombres que habían acusado a Daniel, y fueron echados en el foso de los leones ellos, sus hijos y sus mujeres; y aún no habían llegado al fondo del foso, cuando los leones se apoderaron de ellos y quebraron todos sus huesos. Entonces el

rey Darío escribió a todos los pueblos, naciones y lenguas que habitan en toda la tierra: Paz os sea multiplicada. De parte mía es puesta esta ordenanza: Que en todo el dominio de mi reino todos teman y tiemblen ante la presencia del Dios de Daniel;

*porque él es el Dios viviente y permanece por todos los siglos,*
*y su reino no será jamás destruido,*
*y su dominio perdurará hasta el fin.*
*Él salva y libra, y hace señales y maravillas*
*en el cielo y en la tierra;*
*él ha librado a Daniel del poder de los leones.*

Y este Daniel prosperó durante el reinado de Darío y durante el reinado de Ciro el persa. (Daniel 6.19-28)

Así como Dios se había servido de Daniel para que diera testimonio fiel al tirano babilonio Nabucodonosor, ahora lo hacía con el rey del Imperio Persa. No importa quién sea el rey; Dios tiene el control. Dios está sobre todas las cosas.

Sin embargo, el Imperio Persa continuó su expansión, y con ello surgieron graves problemas para los judíos. Eso sucedió bajo el reinado de uno de los reyes persas menos poderosos, Asuero, también conocido en la historia como el rey Jerjes. El rey Asuero se había deshecho de su primera reina, y se planeaba que eligiera una nueva reina en un concurso nacional de belleza en el que participarían hermosas jóvenes vírgenes de todas partes del imperio.

El rey eligió a una bella y joven virgen llamada Ester. Lo que no sabía era que Ester era judía. El libro de Ester cuenta su historia, y si bien el nombre de Dios no se menciona ni una sola vez en todo el libro, su mano providencial claramente instrumenta el desarrollo de la historia. Vaya historia dramática.

El rey Asuero nombró a un hombre ambicioso y egoísta como primer ministro de todo su reino. Era el típico "hombrecito". No quiero decir con esto que fuera bajo de altura (aunque puede haberlo sido), sino que no estaba a la altura de la importante función de poder que tenía. Ese hombre se llamaba Amán, a quien solo le importaba él mismo. Amán disfrutaba de la costumbre persa de que todos se inclinaran ante él cada vez que cruzaba la puerta del rey. Pero estaba furioso con un hombre, llamado Mardoqueo, que se negaba a hacerle reverencia. Amán no sabía que Mardoqueo era pariente cercano de la reina Ester; es más, era el primo que la había criado. Al poco tiempo de que hubieran elegido a Ester como reina, Mardoqueo escuchó que urdían un complot para asesinar al rey y le contó a Ester, que a su vez le contó al rey, por lo que los culpables fueron ejecutados. Lo que Mardoqueo hizo para salvar al rey quedó registrado en las crónicas reales.

Amán no sabía nada de eso. Simplemente lo irritaba que Mardoqueo se negara a inclinarse ante él. Cuando indagó por qué no lo hacía, le dijeron que la razón era que el hombre era judío, y los judíos solo se inclinan ante Dios. En un ejemplo clásico de desmesura, Amán ideó un complot para exterminar a todos los judíos en Persia. Le presentó al rey un edicto en el que sugería que los judíos eran un pueblo de alborotadores que se negaban a obedecer todas las leyes del rey.

En lugar de averiguar a quién se debía todo eso y pedir más detalles, el perezoso y negligente rey Asuero firmó el edicto en que se ordenaba el exterminio de todos los judíos. Durante muchos años, todo el que leía esta historia en el libro de Ester no podía evitar recordar a Adolfo Hitler y su «solución final al problema judío». Sin lugar a dudas, si hay una idea surgida directamente del fondo del infierno es el plan de Hitler que tuvo como resultado el Holocausto de casi seis millones de judíos. Pero el plan de Amán era básicamente el mismo. Por supuesto, procedía del mismo lugar: una característica del diablo es que odia a los que Dios ama, y Dios ama a su pueblo elegido, el pueblo judío, de una manera muy especial. De modo que, a lo largo de la historia, el diablo sedujo a hombres y mujeres malvados para culpar a los judíos por cientos de motivos irracionales.

Pero, desde el punto de vista histórico, si bien Amán tenía un corazón endemoniado al igual que Hitler, acabaría pareciéndose más al presidente de Irán, Mahmoud Ahmadinejad. Ambos son gobernantes persas. Ambos responden a un solo hombre: Amán al rey, y Ahmadinejad al gran imán de Irán. Ambos son hombrecitos llenos de odio antisemita. Ambos culpan irracionalmente a los judíos con difamaciones y mentiras indignantes. Por último, ninguno de los dos cumplirá exitosamente sus planes demoníacos.

Cuando Mardoqueo le informó a Ester acerca del complot de Amán y de la aprobación del rey, esta se horrorizó. Sin embargo, cuando su primo le pidió que intercediera ante el rey, no quiso hacerlo, ya que sabía que presentarse ante el monarca sin ser llamada podía significar la muerte. Pero Mardoqueo estaba decidido y le envió este mensaje a Ester: «No pienses que escaparás en la casa del rey más que cualquier otro judío. Porque si callas absolutamente en este tiempo, respiro y liberación vendrá de alguna otra parte para los judíos; mas tú y la casa de tu padre pereceréis. ¿Y quién sabe si *para esta hora* has llegado al reino?» (Ester 4.13-14; énfasis del autor).

Qué gran declaración de fe. Qué desafío tan lleno de valentía. Qué determinación. Las palabras de Mardoqueo a Ester son para esos momentos en que los creyentes no queremos meternos en los problemas del mundo, en que no queremos alterar el *status quo*, en que no queremos arriesgar nuestra posición ni nuestra riqueza por hacer lo correcto. Qué clase de llamado a la acción; qué audaz llamado de fe.

Ester respondió al llamamiento de su primo con valentía serena y piadosa: «Ve y reúne a todos los judíos que se hallan en Susa, y ayunad por mí, y no comáis ni bebáis en tres días, noche y día; yo también con mis doncellas ayunaré igualmente, y entonces entraré a ver al rey, aunque no sea conforme a la ley; y si perezco, que perezca». (Ester 4.16). Qué inspiración, qué ejemplo de fe. Ester es un ejemplo para todos nosotros.

Mientras sucedía todo eso, Amán había ordenado que prepararan una horca para que todos pudieran ver dónde planeaba colgar a Mardoqueo, pero como claramente era Dios quien instrumentaba todo ese drama, gracias a la intervención de Ester ante el rey las cosas cambiaron. Mardoqueo se sintió honrado: colgaron a Amán, y con eso los judíos de Persia se salvaron. Una vez más, te insto a que interrumpas esta lectura por un momento y leas la historia que relata el libro de Ester. No existe director en Broadway que pueda dirigir un drama tan bien como Dios.

El día de Ahmadinejad está por llegar, tal como en su momento llegó el de Amán. La manera en que Dios instrumenta los acontecimientos es algo que solo Él sabe. Pero Dios está a cargo de los planes de la historia, y la promesa que Dios le hizo a Abraham hace tantos años sigue estando en pie: «Bendeciré a los que te bendijeren, y a los que te maldijeren maldeciré». Ahmadinejad e Irán son una gran amenaza para este mundo y son una gran amenaza para Israel. Pero Israel no será destruida para siempre. Puede que sufra mucho e injustamente, pero no sufrirá destrucción. Dios tendrá la última palabra. Amán lo aprendió en su momento; Ahmadinejad también lo aprenderá.

SEGUNDA PARTE

# PUNTOS DE VISTA
# EN CONFLICTO

# 9

## LA PERSPECTIVA JUDÍA

*Ahora ... vosotros seréis mi especial tesoro sobre todos los pueblos; porque mía es toda la tierra. Y vosotros me seréis un reino de sacerdotes, y gente santa.*

—ÉXODO 19.5-6

Como ya hemos visto, Medio Oriente se encuentra bajo el dominio de tres de las religiones más influyentes del mundo: el judaísmo, el cristianismo y el islamismo. El judaísmo comenzó con Abraham y siguió a través de Isaac y de Jacob, cuyo nombre se cambió luego por Israel. De Jacob (Israel) proceden doce hijos, que dieron origen a las doce tribus de Israel. De estas vino la fundación de la antigua nación de Israel con Moisés y la ley mosaica, aun cuando la odisea de la esclavitud en Egipto por unos cuatrocientos años retrasó la creación formal de la nación bajo Moisés. Luego vinieron Josué y su reclamo de la tierra.

Por último, y a regañadientes, Dios le dio a Israel el derecho a tener reyes como otras naciones. Los primeros tres son los más famosos: Saúl, que lucía como rey pero era un líder lamentable; David, el mejor y más amado de los reyes hebreos cuya pasión estaba dividida entre la gran fortaleza que le daba su relación con Dios y su gran debilidad, su lujuriosa relación adúltera con Betsabé; y Salomón, hijo de David, que fue bendecido con sabiduría y capacidad de liderazgo administrativo sin par pero no tuvo un buen final. Después de esos tres gigantes de la historia del judaísmo, se sucedieron numerosos reyes y profetas hasta unos cuatrocientos años antes del nacimiento de Cristo.

Todo eso está registrado en la Biblia judía que los cristianos llaman Antiguo Testamento. En la primera parte del libro, analizamos algunas de las historias más destacadas del Antiguo Testamento. El judaísmo tiene además escrituras sagradas que complementan a la Biblia, llamadas "libros apócrifos". Si bien estos libros están incluidos en la Biblia católica entre el Antiguo y el Nuevo Testamento, el pueblo judío no los considera parte de las Sagradas Escrituras.[1] Desde que el rey David proclamó a Jerusalén capital de Israel, Jerusalén se convirtió en el corazón y el alma del judaísmo. Algunos años antes había sido el sitio donde Abraham estuvo dispuesto a sacrificar a Isaac. Años después, sería sede del primer templo, construido por Salomón y luego destruido por Nabucodonosor de Babilonia en 587 a.c. El segundo templo se reconstruyó en Jerusalén bajo la soberanía persa y fue ampliado por el rey Herodes, que gobernó en la época del nacimiento de Jesús. Luego, fue destruido por los romanos en 70 a.d. y no volvió a ser reconstruido. En la actualidad, este antiguo sitio está ocupado por la Cúpula de la Roca del islam.

## La perspectiva judía desde un punto de vista cristiano

Debo explicar el contexto de mis reflexiones sobre la perspectiva judía. Soy seguidor de Jesucristo; Él es mi Señor y mi Salvador, y creo que es el largamente esperado Mesías de los judíos. Como cristiano, me es imposible ser imparcial en mi explicación de la perspectiva judía. Sin embargo, me gustaría tomar como punto de partida una de las preguntas más comunes que escucho de creyentes y no creyentes por igual: «Bryant,

¿cómo se explica que los judíos sean el pueblo elegido de Dios y no hayan aceptado a Jesús como su Mesías?»

Hace varios años, expuse una serie de sermones basados en Romanos 9 al 11 llamados: «El pueblo judío y el cristianismo», que se centraban en esa pregunta. El primero de esos sermones se tituló: «El problema judío». ¡Qué terrible error! Para los judíos de hoy, el término «el problema judío» significa una sola cosa: es una referencia al Holocausto de Hitler, al que él llamó «la solución final al problema judío».

Desde el momento en que se anunció el sermón en la marquesina en el frente de la Iglesia, empezamos a recibir llamados y correos electrónicos enfurecidos. Me sentía terriblemente mal por haber ofendido sin querer a las personas judías de nuestra comunidad, sobre todo por el amor que siento por ese pueblo y por Israel. Además, soy un pastor apasionado por la historia, por lo que me sentía pésimamente por mi grandísima ignorancia histórica. Presenté una muy sincera disculpa a la comunidad judía en North Atlanta y cambié el nombre del sermón por: «Un amor apasionado por los judíos». El contenido seguía siendo el mismo, Romanos 9.1-5. Este pasaje describe el amor de Cristo por los judíos y también el amor de Pablo por los judíos, y me permitió dar testimonio de mi especial amor por el pueblo judío y por Israel.

Con este antecedente, analicemos la perspectiva judía desde un punto de vista cristiano. Esto es aun más complicado cuando abordo el tema con un enfoque bíblico, ya que muchos de los judíos en Estados Unidos e Israel no son seguidores de la Biblia. Muchos de los judíos de nuestros días no se consideran religiosos. En Israel, muchos se autodenominan sionistas, pero no religiosos, lo que indica que están más centrados en la cuestión territorial que en Dios. Son judíos en el sentido étnico y puede que observen algunos rituales y festividades con significado religioso como parte de su tradición y legado judíos, pero no se consideran religiosos. Por tanto, para escribir sobre el punto de vista judío, me centraré principalmente en la perspectiva bíblica judía antes que en la cuestión étnica y la tradición de ese pueblo.

Para encarar esta tarea, no se me ocurre mejor fuente que el apóstol Pablo. Antes de que surgiera su fe en Cristo, Pablo declaró: «Yo de cierto soy judío, nacido en Tarso de Cilicia, pero criado en esta ciudad, instruido a los pies de Gamaliel, estrictamente conforme a la ley de nuestros padres, celoso de Dios, como hoy lo sois todos vosotros» (Hechos 22.3). Gamaliel era el principal rabino en la época de Pablo, de modo que aprendió con el mejor. En Gálatas 1.14, Pablo escribió: «y en el judaísmo aventajaba a muchos de mis contemporáneos en mi nación, siendo mucho más celoso de las tradiciones de mis padres». Esa es la razón por la que Pablo perseguía con tanto ahínco a los cristianos. Sabía que lo que los seguidores de Cristo creían era contrario al judaísmo tradicional, y eso lo horrorizaba. Pablo era el típico cazador de herejes que creía que era necesario detener a ese movimiento descarriado surgido entre los judíos.

## El pueblo elegido

Entonces, ¿qué nos revela Pablo sobre el punto de vista judío? Donde mejor lo expresó es en Romanos 9.3-5: «... mis parientes según la carne ... son israelitas, de los cuales son la adopción, la gloria, el pacto, la promulgación de la ley, el culto y las promesas; de quienes son los patriarcas, y de los cuales, según la carne, vino Cristo, el cual es Dios sobre todas las cosas, bendito por los siglos. Amén».

### Son israelitas

Dios eligió a Jacob para que fuera el heredero del compromiso del pacto que hizo con Abraham. Con el tiempo, le cambió el nombre de Jacob por Israel. Todo eso sucedió debido a la gracia de Dios, no porque Abraham, Isaac o Jacob lo merecieran. Es más, no lo merecían. Ninguno de nosotros merece el favor de Dios; todo lo que sucede es por su gracia.

### Son adoptados como sus hijos

Los judíos fueron especialmente elegidos como hijos adoptivos de Dios. De ahí, la frase «hijos de Israel». Dios le dejó eso claro a Moisés cuando le dijo que regresara a Egipto a los ochenta años de edad para enfrentarse con el hombre más poderoso del mundo: Faraón. Pero Dios no instó a Moisés solo a enfrentar a Faraón, sino a ordenarle que liberara voluntariamente la mano de obra esclava, compuesta por alrededor de dos millones de judíos, que tanta riqueza había traído a Egipto. Dios le ordenó a Moisés que dijera: «Jehová ha dicho así: Israel es mi hijo, mi primogénito. Ya te he dicho que dejes ir a mi hijo, para que me sirva» (Éxodo 4.22-23).

Pablo también sabía que la ley mosaica explicaba claramente esa adopción como hijos de Dios: «Hijos sois de Jehová vuestro Dios ... Porque eres pueblo santo a Jehová tu Dios, y Jehová te ha escogido para que le seas un pueblo único de entre todos los pueblos que están sobre la tierra» (Deuteronomio 14.1-2). Los judíos que siguen la Biblia entienden claramente que, por su gracia, Dios los eligió de entre todos los pueblos de la tierra para que fueran sus hijos, ¡Qué extraordinario privilegio!

Algunos padres de hijos adoptivos tienen la sabiduría de dejarles en claro cuán especiales son y les dicen: «De entre todos los niños del mundo, mamá y papá te elegimos a ti para que seas nuestro hijo». Desde esta perspectiva, no existe mayor honor que ser hijo adoptivo de Dios.

### Experimentaron la gloria de Dios

Como los israelitas fueron especialmente elegidos, Dios les reveló su gloria de formas extraordinarias: De manera sobrenatural, permitió que Abraham y Sara tuvieran al hijo del pacto de Dios, Isaac, a los 100 y 90 años de edad respectivamente. Se le apareció a Moisés en la zarza ardiente para llamarlo a que guiara a los hijos de Israel a la libertad (Éxodo 3). Le dio a Moisés la ley de Dios en el monte Sinaí (Éxodo 20). Su gloria se manifestó sobre el tabernáculo de Dios: «Entonces una nube cubrió el tabernáculo de reunión, y *la gloria de Jehová llenó el tabernáculo*. Y no podía Moisés entrar en el tabernáculo de reunión, porque la nube estaba sobre él, y *la gloria de Jehová lo llenaba*» (Éxodo 40.34-35; énfasis del autor).

Dios también ungió a los profetas hebreos con la Palabra de Dios para su era; palabras intemporales que nos hablan a todos en todas las épocas. Su gloria se hace verdaderamente presente en el poder intemporal de su palabra.

### Fueron beneficiarios de varios pactos

Dios hizo su primer pacto con Abraham en Génesis 12.1-3:

> *Pero Jehová había dicho a Abram:*
>> *«Vete de tu tierra*
>> *y de tu parentela,*
>> *y de la casa de tu padre,*
>> *a la tierra que te mostraré.*
>> *Y haré de ti una nación grande,*
>> *y te bendeciré,*
>> *y engrandeceré tu nombre,*
>> *y serás bendición.*
>> *Bendeciré a los que te bendijeren,*
>> *y a los que te maldijeren maldeciré;*
>> *y serán benditas en ti todas las familias de la tierra».*

El pacto incluía la promesa divina de una tierra para los herederos de Abraham: «A tu descendencia daré esta tierra» (Génesis 12.7). En Génesis 17.8, reiteró su promesa: «Y te daré a ti, y a tu descendencia después de ti, la tierra en que moras, toda la tierra de Canaán en heredad perpetua; y seré el Dios de ellos».

Dios construiría una gran nación a partir de la semilla de Abraham, lo que se le repite a Abraham en Génesis 15.5: «Y lo llevó fuera, y le dijo: Mira ahora los cielos, y cuenta las estrellas, si las puedes contar. Y le dijo: Así será tu descendencia». Una vez más, Dios le repitió su promesa en Génesis 17.1-8: «Y estableceré mi pacto entre mí y ti, y tu descendencia después de ti en sus generaciones, por *pacto perpetuo*, para ser tu Dios, y el de tu descendencia después de ti» (v. 7, énfasis del autor).

Dios dejó claro que esos son "pactos perpetuos" relacionados con la tierra prometida y con ser el pueblo elegido de Dios. En otras palabras, no dependen de cómo responda o viva Israel. Dios también le repitió esos pactos al nieto de Abraham, Jacob, cuando cambió su nombre por Israel en Génesis 35.10-12:

> *Y le dijo Dios:*
>> *Tu nombre es Jacob;*
>> *no se llamará más tu nombre Jacob,*
>> *sino Israel será tu nombre;*
> *y llamó su nombre Israel.*
>> *También le dijo Dios:*
>> *Yo soy el Dios omnipotente:*
>> *crece y multiplícate;*
>> *una nación y conjunto de naciones procederán de ti,*
>> *y reyes saldrán de tus lomos.*
>> *La tierra que he dado a Abraham y a Isaac,*
>> *la daré a ti,*
>> *y a tu descendencia después de ti daré la tierra.*

A todas luces, Dios le dejó en claro su voluntad a los patriarcas de Israel.

Dios prometió bendecir a Abraham y a sus herederos. Engrandecería el nombre de Abraham. ¡Y cuán importante es su nombre en nuestros días! Abraham es el padre del judaísmo, del cristianismo y del islamismo. También sería el que guiaría al pueblo judío para que se convirtiera en una bendición para las naciones del mundo. ¿Cómo puede explicarse la enorme contribución del pueblo judío al mundo? Desde la ley de Moisés en los Diez Mandamientos, que contribuyen a la base de la civilización, hasta la cantidad de Premios Nobel en los últimos cien años, su contribución a la humanidad, las ciencias, las artes y los negocios, es extraordinaria. ¿Sabías que, desde que se creó el Premio Nobel hace poco más de cien años, el pueblo judío (que compone el 0.02% de la población mundial) recibió un cuarto de los Premios Nobel de ciencia? En comparación, los musulmanes (el 25% de la población del mundo) solo recibieron un puñado.[2] La contribución de los judíos al mundo, pese a ser el más perseguido en la historia de la humanidad, es enorme.

En donde muchos judíos malinterpretaron el llamado de Dios a ser una bendición al mundo fue en señalarles a sus congéneres el único Dios verdadero. Esta es la mayor bendición que puede ofrecerse.

Dios bendecirá a quienes bendigan a Abraham y a sus herederos, los judíos, y maldecirá a quienes los maldigan. Esto tiene un enorme impacto en el amor de los cristianos seguidores de la Biblia por los judíos y en su apoyo a Israel.

Dios también hizo pactos perpetuos con el rey David en lo que respecta a su trono: «Y cuando tus días sean cumplidos, y duermas con tus padres, yo levantaré después de ti a uno de tu linaje, el cual procederá de tus entrañas, y afirmaré su reino. Él edificará casa a mi nombre, y yo afirmaré para siempre el trono de su reino ... Y será afirmada tu casa y tu reino para siempre delante de tu rostro, y tu trono será estable eternamente» (2 Samuel 7.12-13, 16). Los cristianos creen que Jesús es el heredero eterno al trono de David, y el mundo lo comprobará a su regreso.

Los pactos de Israel que son *condicionales* tienen que ver con la obediencia de Israel a las órdenes de Dios. «Si haces esto, te bendeciré». Éxodo 19.5-6 menciona uno de esos pactos antes de que Dios le diera a Israel los Diez Mandamientos por medio de Moisés, su servidor: «Ahora, pues, si diereis oído a mi voz, y guardareis mi pacto, vosotros seréis mi especial tesoro sobre todos los pueblos; porque mía es toda la tierra. Y vosotros me seréis un reino de sacerdotes, y gente santa. Éstas son las palabras que dirás a los hijos de Israel». Profetas como Oseas, Isaías, Jeremías y Ezequiel predicaron esto una y otra vez: cuando los judíos se alejen de Dios y no le obedezcan, perderán la bendición de Dios y se enfrentarán con su disciplina y su castigo.

## LA LEY DADA

Dios le dio a Moisés el grueso de su ley para la nueva nación de Israel en Éxodo 20—24 y en gran parte de los libros de Levítico y Deuteronomio. Parte de esa ley versa sobre la relación moral entre Dios y el hombre, una gran parte tiene que ver con la relación entre los hombres, y otra tiene que ver con la ley ceremonial. El súmmum de esta ley y el excepcional regalo que Dios le hizo a Israel y al mundo son los Diez Mandamientos dados en Éxodo 20.3-17:

1. No tendrás dioses ajenos delante de mí.
2. No te harás imagen, ni ninguna semejanza de lo que esté arriba en el cielo, ni abajo en la tierra, ni en las aguas debajo de la tierra.
3. No tomarás el nombre de Jehová tu Dios en vano.
4. Acuérdate del día de reposo para santificarlo.
5. Honra a tu padre y a tu madre.
6. No matarás.
7. No cometerás adulterio.
8. No hurtarás.
9. No hablarás contra tu prójimo falso testimonio.
10. No codiciarás la casa de tu prójimo, no codiciarás la mujer de tu prójimo, ni su siervo, ni su criada, ni su buey, ni su asno, ni cosa alguna de tu prójimo.

Los cristianos y los judíos tienen una gran diferencia en su interpretación de esa ley. Los judíos la ven como pautas para llevar una vida santa y correcta, como una forma de ganarse el favor de Dios, mientras que los cristianos la vemos como algo que nos hace tomar conciencia de cuán imposible es obedecer a Dios con nuestra propia fuerza y nos convence de que necesitamos un Salvador que nos perdone y transforme nuestro corazón desde adentro. Entonces, por medio de la guía del Espíritu Santo y las enseñanzas de su palabra, surge en nuestro interior el deseo de obedecer la ley de Dios.

## SERVICIO DEL TEMPLO

El servicio del templo de Dios se describe en Éxodo 25-31, 40, y en el libro de Levítico. Hebreos 9.1-7 explica en qué sentidos se diferencian el cristianismo y el nuevo pacto de Cristo del antiguo pacto de Dios en lo que respecta al culto y la adoración. El templo judío, originalmente construido por Salomón en el monte Moriah, en Jerusalén, es un sitio muy especial. Es el lugar donde Abraham estuvo dispuesto a sacrificar a Isaac y ahora es donde se asienta la Cúpula de la Roca. En la primera parte, vimos que el templo fue construido y destruido dos veces. Después de su segunda destrucción a manos de Roma en 70 A.D., los judíos ya no tuvieron un lugar donde hacer sacrificios a Dios para expiar los pecados de su pueblo. Esa es la razón por la que los judíos ortodoxos se reúnen en el Muro Occidental del monte del templo debajo de la Cúpula de la Roca para rezar diariamente por la venida del Mesías y por la reconstrucción del templo. Ese era el foco de adoración a Dios en el judaísmo.

### Recibieron las promesas de Dios

Muchas de las promesas de Dios fueron hechas a los patriarcas, a Moisés y a Josué, pero hay cientos de promesas más, especialmente en los libros de Salmos, Proverbios y de los profetas. He aquí algunos ejemplos:

- Salmo 19.7: «La ley de Jehová es perfecta, que convierte el alma; el testimonio de Jehová es fiel, que hace sabio al sencillo».
- Salmo 23.1-3: «Jehová es mi pastor; nada me faltará. En lugares de delicados pastos me hará descansar; junto a aguas de reposo me pastoreará. Confortará mi alma; me guiará por sendas de justicia por amor de su nombre».
- Proverbios 3.5-6: «Fíate de Jehová de todo tu corazón, y no te apoyes en tu propia prudencia. Reconócelo en todos tus caminos, Y él enderezará tus veredas».
- Isaías 11.1-2, con respecto al Mesías: «Saldrá una vara del tronco de Isaí, y un vástago retoñará de sus raíces. Y reposará sobre él el Espíritu de Jehová; espíritu de sabiduría y de inteligencia, espíritu de consejo y de poder, espíritu de conocimiento y de temor de Jehová».
- Daniel 2.44: «Y en los días de estos reyes el Dios del cielo levantará un reino que no será jamás destruido, ni será el reino dejado a otro pueblo; desmenuzará y consumirá a todos estos reinos, pero él permanecerá para siempre».

### Tienen a los patriarcas

Los patriarcas de la fe son Abraham, Isaac y Jacob. Dios, en su gracia, eligió a Abraham para que fuera el padre de la fe. Como ya hemos visto, prometió construir una gran nación a través de la semilla de Abraham y su esposa, Sara, y con el nacimiento de Isaac les dio milagrosamente el hijo prometido que tanto habían esperado. Isaac tuvo dos hijos, Esaú y Jacob, y por su gracia, Dios eligió a Jacob como heredero del pacto.

## JESÚS: LA LÍNEA DIVISORIA

La palabra *Cristo* significa "Mesías". Desde el punto de vista cristiano, no se confirió mayor honor a Israel y a los judíos que el de ser el pueblo elegido por Dios para traer a Jesús al mundo. Esta es la conexión eterna entre el cristianismo y el judaísmo. Entonces, ¿por qué es Jesús la línea que divide a judíos y cristianos?

Analicemos por qué Jesús fue y sigue siendo la línea divisoria.

### Jesús no encajaba en su imagen del Mesías

En primer lugar, Jesús no estaba a la altura de la imagen de Mesías que tenían los judíos. En la época de Jesús, los judíos estaban en la búsqueda de un mesías religioso, político y militar que llevara a Israel a la grandeza como nación. Como se encontraban bajo la ocupación de Roma, estaban buscando un mesías que los liberara de la soberanía romana. Si analizamos la Biblia, es sencillo ver por qué Jesús no encajaba en esa descripción. Veamos la profecía en Isaías 9.6:

> *Porque un niño nos es nacido, hijo nos es dado,*
> *y el principado sobre su hombro;*
> *y se llamará su nombre Admirable, Consejero, Dios Fuerte,*
> *Padre Eterno, Príncipe de Paz.*

Quizás reconozcas estas palabras de la obra *El Mesías* de Händel, la que suele presentarse en las iglesias en Navidad. Pero muchos cristianos ignoran que solo la primera línea habla del nacimiento de Jesús. Después, cuando la Palabra de Dios habla sobre el gobierno sobre sus hombros y sobre cuán maravilloso será su gobierno porque finalmente logrará que haya paz en la tierra, nos damos cuenta en seguida de que Jesús no hizo todo eso durante su vida. Como cristianos familiarizados con las enseñanzas de Cristo y con el Nuevo Testamento, sabemos que el resto de este versículo se refiere a la Segunda Venida de Jesús. Sin embargo, el Antiguo Testamento no diferencia entre la primera y la Segunda Venida del Mesías. Para los judíos que no creen en Jesús, no hay una Segunda Venida; solo la venida del Mesías.

Sin embargo, como los profetas del Antiguo Testamento proclamaban la palabra eterna de Dios, y Dios ve toda la historia a la vez —pasado, presente y futuro— ya que maneja el tiempo, a veces las palabras del profeta saltan entre la primera y la Segunda Venida del Mesías en el mismo versículo. Como nuestro adorado guía judío solía decirnos cuando lo alentábamos a que confiara en que Jesús era el Mesías: «Bryant, cuando venga el Mesías, si es la primera vez que viene me deberás una disculpa. Si es su segunda venida, yo me disculparé contigo».

### Se consideraba que las enseñanzas de Jesús eran una blasfemia

La principal razón por la que la mayoría de los judíos rechazaron a Jesús fue la blasfemia. Creían que Él era irrespetuoso de algunas de sus leyes hechas por el hombre, sobre todo en lo relacionado con el sabbat. Además, estaban celosos y envidiosos de su popularidad y de sus seguidores, sobre todo porque Jesús no tenía ni los títulos ni la educación formal y la formación que tenían ellos. Sin embargo, algunas afirmaciones de Jesús como: «De cierto, de cierto os digo: Antes que Abraham fuese, yo soy» (Juan 8.58), los hacían pensar que no solo había perdido la cabeza, sino que además era un blasfemo. Luego, cuando dijo algo así como: «Yo y el Padre uno somos» (Juan 10.30), se sintieron tan indignados que intentaron apedrearlo por decir que era igual a Dios.

Cuando los judíos arrestaron a Jesús, y este se presentó ante el concilio y el sumo sacerdote judíos, le dijeron: «¿Eres tú el Cristo? Dínoslo. Y les dijo: Si os lo dijere, no creeréis; y también si os preguntare, no me responderéis, ni me soltaréis. Pero desde ahora EL HIJO DEL HOMBRE SE SENTARÁ A LA DIESTRA DEL PODER DE DIOS» (Lucas 22.67-69). Ellos respondieron: «¿Eres tú el hijo de Dios?», y Él respondió: «Yo soy». Eso sí que les hizo perder la cabeza. Esa era una blasfemia indignante. Los judíos son monoteístas; ningún hombre puede afirmar ser Dios. La pena por blasfemia era la muerte (Levítico 24.16).

No obstante, como solo Roma tenía la autoridad para ejecutar a sus ciudadanos o a quien fuera que se encontrara bajo su poder, se complotaron y difamaron a Jesús ante Poncio Pilatos para lograr que lo crucificaran. A sus ojos, eso era lo que se merecía. A su vista, lo que estaban haciendo era defender la fe verdadera. Jesús, una pésima influencia para el pueblo judío, merecía morir. De modo que lo crucificaron. Con ello ignoraron y dieron cumplimiento a la vez a la profecía del Antiguo Testamento sobre el Mesías, el siervo sufriente, en Isaías 52.13-53.12:

> He aquí que mi siervo será prosperado,
> será engrandecido y exaltado, y será puesto muy en alto.
> Como se asombraron de ti muchos,
> de tal manera fue desfigurado de los hombres su parecer,
> y su hermosura más que la de los hijos de los hombres,
> así asombrará él a muchas naciones;
> los reyes cerrarán ante él la boca,
> porque verán lo que nunca les fue contado,
> y entenderán lo que jamás habían oído.
> ¿Quién ha creído a nuestro anuncio?
> ¿y sobre quién se ha manifestado el brazo de Jehová?
> Subirá cual renuevo delante de él,
> y como raíz de tierra seca;
> no hay parecer en él, ni hermosura;
> le veremos,
> mas sin atractivo para que le deseemos.
> Despreciado y desechado entre los hombres,
> varón de dolores, experimentado en quebranto;
> y como que escondimos de él el rostro,

*fue menospreciado, y no lo estimamos.*
*Ciertamente llevó él nuestras enfermedades,*
*y sufrió nuestros dolores;*
*y nosotros le tuvimos por azotado,*
*por herido de Dios y abatido.*
*Mas él herido fue por nuestras rebeliones,*
*molido por nuestros pecados;*
*el castigo de nuestra paz fue sobre él,*
*y por su llaga fuimos nosotros curados.*
*Todos nosotros nos descarriamos como ovejas,*
*cada cual se apartó por su camino;*
*mas Jehová cargó en él el pecado de todos nosotros.*
*Angustiado él, y afligido,*
*no abrió su boca;*
*como cordero fue llevado al matadero;*
*y como oveja delante de sus trasquiladores, enmudeció,*
*y no abrió su boca.*
*Por cárcel y por juicio fue quitado;*
*y su generación, ¿quién la contará?*
*Porque fue cortado de la tierra de los vivientes,*
*y por la rebelión de mi pueblo fue herido.*
*Y se dispuso con los impíos su sepultura,*
*mas con los ricos fue en su muerte;*
*aunque nunca hizo maldad,*
*ni hubo engaño en su boca*
*Con todo eso,*
*Jehová quiso quebrantarlo,*
*sujetándole a padecimiento.*
*Cuando haya puesto su vida en expiación por el pecado,*
*verá linaje, vivirá por largos días,*
*y la voluntad de Jehová será en su mano prosperada.*
*Verá el fruto de la aflicción de su alma,*
*y quedará satisfecho;*
*por su conocimiento justificará mi siervo justo a muchos,*
*y llevará las iniquidades de ellos.*
*Por tanto, yo le daré parte con los grandes,*
*y con los fuertes repartirá despojos;*
*por cuanto derramó su vida hasta la muerte,*
*y fue contado con los pecadores,*
*habiendo él llevado el pecado de muchos,*
*y orado por los transgresores.*

Esta profecía del Antiguo Testamento sobre el Mesías sigue siendo ignorada en lo que a Jesús respecta por la gran mayoría de los Judíos en la actualidad.

Sin embargo, cuando Jesús murió, no permaneció muerto. Los líderes religiosos judíos convencieron a Poncio Pilatos de que pusiera un guardia romano en la tumba donde lo habían enterrado por temor a que sus discípulos robaran su cuerpo y dijeran que Él había hecho lo que prometió: levantarse de entre los muertos. Pero ese plan también tuvo sus dificultades. Los soldados romanos que hacían guardia en la tumba de Jesús fueron las únicas personas que estuvieron allí durante su resurrección (si bien otras personas lo verían ya resucitado). Los guardias corrieron hacia los líderes religiosos para contarles las sorprendentes novedades. Como los líderes judíos estaban decididos a silenciar cualquier rumor sobre Él, urdieron un plan para contar otra historia:

> Pasado el día de reposo, al amanecer del primer día de la semana, vinieron María Magdalena y la otra María, a ver el sepulcro. Y hubo un gran terremoto; porque un ángel del Señor, descendiendo del cielo y llegando, removió la piedra, y se sentó sobre ella. Su aspecto era como un relámpago, y su vestido blanco como la nieve. Y de miedo de él los guardas temblaron y se quedaron como muertos. (Mateo 28.1-4)

> Mientras ellas iban, he aquí unos de la guardia fueron a la ciudad, y dieron aviso a los principales sacerdotes de todas las cosas que habían acontecido. Y reunidos con los ancianos, y habido consejo, dieron mucho dinero a los soldados, diciendo: Decid vosotros: Sus discípulos vinieron de noche, y lo hurtaron, estando nosotros dormidos. Y si esto lo oyere el gobernador, nosotros le persuadiremos, y os pondremos a salvo. Y ellos, tomando el dinero, hicieron como se les había instruido. Este dicho se ha divulgado entre los judíos hasta el día de hoy. (vv. 11-15)

Entonces, cuando los discípulos comenzaron a predicar que el Cristo crucificado y resucitado era el único camino hacia la salvación, los líderes judíos se pusieron verdaderamente furiosos. Pedro dijo: «Sea notorio a todos vosotros, y a todo el pueblo de Israel, que en el nombre de Jesucristo de Nazaret, a quien vosotros crucificasteis y a quien Dios resucitó de los muertos, por Él este hombre está en vuestra presencia sano. Este Jesús es la PIEDRA REPROBADA por vosotros LOS EDIFICADORES, LA CUAL HA VENIDO A SER CABEZA DEL ÁNGULO. Y en ningún otro hay salvación; porque no hay otro nombre bajo el cielo, dado a los hombres, en que podamos ser salvos» (Hechos 4.10-12).

Los líderes religiosos judíos comenzaron a apresar a los cristianos para detener esa enseñanza, pero los apóstoles no podían dejar de predicar la verdad porque habían visto vivo a Jesús. Los amenazaron de muerte si no interrumpían su prédica (y muchos de ellos comenzaron a ser martirizados), pero la muerte no los asustaba porque habían visto a Jesús con vida, lo que significaba que la muerte había sido vencida. Sin embargo, y pese a eso, durante el curso del siglo primero, la mayoría de los judíos se negaron a creer que Jesús era su largamente esperado Mesías. No creyeron que era Dios o que se había levantado de entre los muertos, pese a la gran cantidad de evidencia histórica en ese sentido.

## El antisemitismo

Lamentablemente, debido a esos acontecimientos históricos, el diablo logró seducir a algunos cristianos con el antisemitismo. Algunos han llegado a llamar «asesinos de Cristo» a ese pueblo, sin ver que el propio Jesús era judío. Todos sus discípulos eran judíos. La mayoría de sus primeros seguidores también. Es cierto que fueron líderes religiosos judíos los que llevaron a muchos judíos a pedir la crucifixión de Jesús, pero simplemente representan a toda la humanidad que se niega a arrepentirse del pecado y a reconocer la gracia y la misericordia de Dios por medio de la fe en Jesús como el Señor crucificado y resucitado. El antisemitismo asomó su horrible rostro en algunos de los primeros padres de la iglesia y volvió a hacerlo durante las Cruzadas. Lo más triste de todo es que muchos cristianos no hicieron nada por detener al demoníaco Adolfo Hitler y sus esbirros nazis cuando llamaron a los judíos «asesinos de Cristo» para justificar su odio satánico al pueblo elegido de Dios. Todo eso ha hecho que más de un corazón judío rechace aun más duramente a Jesús —*Iéshu*— como su Mesías. Si eres cristiano y el diablo te ha seducido, aunque sea un poco, con el pensamiento antisemita, te exhorto a que caigas de rodillas y confieses ese abominable pecado al Señor. Pídele su perdón por ese pecado tan repugnante y que limpie tu corazón de semejante maldad. No olvides que Jesús enseñó que primero vino por los judíos (Mateo 15.24). También es cierto que enseñó que Él es «el camino, y la verdad, y la vida; nadie viene al Padre, sino por [Él]» (Juan 14.6). Todas las personas, judías o gentiles, deben responder a las afirmaciones que Jesús hizo sobre sí mismo.

El llamado cristiano es a amar a todos los que no creen en Dios, orar por ellos y dejar los juicios a Dios. Eso es algo que debemos aprender de aquel gran judío, el apóstol Pablo, que escribió que tenía gran tristeza y continuo dolor en su corazón porque sus hermanos judíos se negaban a cambiar su opinión acerca de Jesús y a seguirlo como su Salvador y Señor (Romanos 9.2-3). Además, Pablo dijo que estaba dispuesto a ser condenado por el bien de sus hermanos judíos si eso servía para que cambiaran de opinión y siguieran a Cristo. Ese es el sentimiento que Dios quiere que tengamos hacia el pueblo que tanto ama: un amor y un corazón apasionados para que cada uno de los judíos conozca el amor de Cristo.

Aun cuando es muy triste que algunos cristianos hayan caído en el pecado del antisemitismo en diferentes épocas, ese es el sentimiento que ocupa el corazón y el alma del islamismo. Y peor aun, no lo ven como algo malo. Analizaremos esto en mayor detalle cuando estudiemos la perspectiva islámica.

# 10

## LA PERSPECTIVA ISLÁMICA

*Y él [Ismael] será hombre fiero; su mano será contra todos, y la mano de todos contra
él, y delante de todos sus hermanos habitará.*

—GÉNESIS 16.12

ronológicamente hablando, el cristianismo proviene del
judaísmo, y el islamismo surgió más de seiscientos años después.
Decidí evadir la perspectiva cristiana en cuanto al punto de
vista islámico porque el mayor conflicto en Medio Oriente es entre judíos
y musulmanes, entre Israel y los árabes, y entre musulmanes y musulmanes. El cristianismo se originó entre estas dos influyentes religiones
y quedó atrapada en medio de ellas hasta nuestros días. Los seguidores
de Jesucristo sabemos cómo se resolverá finalmente este conflicto, pero
primero debemos entender mejor la perspectiva islámica.

De las tres fes que provienen de Abraham, el islamismo fue la última
en llegar al mundo. Esta religión no surgió sino hasta el siglo VII de nuestra era; es decir, más de seiscientos años después de la vida de Cristo. El
islamismo fue fundado por Mahoma, que originalmente no lo vio como
una nueva religión sino como una purificación y perfeccionamiento del

judaísmo y el cristianismo, ambas corrompidas por el hombre. Si bien el islamismo y su libro sagrado, el Corán, contienen muchas referencias a las escrituras del Antiguo y el Nuevo Testamento, esos pasajes han sido notoriamente modificados. En efecto, gran parte de sus enseñanzas eran muy contrarias a la Biblia, por lo que Mahoma debió enfrentar la resistencia de judíos y cristianos por igual.

Originalmente, Jerusalén no era un lugar importante para Mahoma ni para el islamismo. Las ciudades de La Meca y Medina, en la actual Arabia Saudita, eran —y siguen siendo— mucho más relevantes. Pero cuando comenzaron a difundirse las leyendas de la ascensión al cielo de Mahoma desde lo que hoy es el sitio de la Cúpula de la Roca, Jerusalén adquirió una importancia mucho mayor para esa fe. En la actualidad, la Cúpula de la Roca es el tercer lugar más sagrado para el islamismo.

Al igual que el judaísmo y el cristianismo, el islamismo considera que Abraham es el padre de su fe, el profeta original enviado por Dios. Pero, a diferencia de esas dos religiones, para el islamismo el foco de veneración después de Abraham es Ismael, no Isaac. Es comprensible. Después de todo, Ismael es el primogénito de Abraham. También es el padre de los árabes y, por ende, de Mahoma. El Corán se escribió en árabe. Toda traducción que se haga a cualquier otro idioma es revisada meticulosamente por musulmanes, puesto que solo en árabe puede comprenderse su verdadero significado.[1]

## LOS ÁRABES COMIENZAN CON ISMAEL

Repasemos: De Ismael descienden los árabes; de Esaú, los edomitas y gran parte de Jordania. De los asirios y babilonios proviene gran parte de lo que hoy es Siria e Irak, e Irán tiene su origen en Persia.

De modo que comenzaremos por Ismael. Cuando Agar, la madre egipcia de Ismael, huyó por primera vez de su señora, Sara, Dios le dijo que el hijo que llevaba en su vientre se llamaría Ismael (que significa: «Dios oye»). Dios había oído los problemas de Agar y tuvo misericordia de ella. Pero eso no fue todo lo que dijo Dios. Como ya hemos visto, Dios profetizó que su hijo, Ismael, sería:

*...Hombre fiero;*
*su mano será contra todos,*
*y la mano de todos contra él,*
*y delante de todos sus hermanos habitará.* (Génesis 16.12)

Más adelante, Génesis 25.18 aclara dónde quedaba ese «delante» al que se refiere la frase «delante de sus hermanos»: «Y habitaron desde Havila hasta Shur, que está enfrente de Egipto viniendo a Asiria». En pocas palabras: Arabia.

Pero lo central de esa profecía es que Ismael y sus herederos serían un pueblo inquieto, indomable y siempre en conflicto con otros. Durante los dos primeros milenios, los herederos de Ismael fueron más bien nómadas: tribus beduinas que se casaban entre sí y peleaban contra los edomitas, amonitas, moabitas y otros pueblos que habitaban la tierra prometida y Arabia.

## El comienzo del Islam

Unos dos mil quinientos años después de la época de Ismael, en 570 A.D., nació un heredero árabe. Este hombre llevaría la profecía sobre Ismael en Génesis 16.12 a otro nivel. Su nombre era Mahoma.

Mahoma era huérfano; su padre murió antes de que naciera, y su madre falleció cuando tenía seis años. Su abuelo lo acogió por dos años, pero luego murió también. De modo que el pequeño Mahoma se fue a vivir con un tío, que lo crió.[2]

Durante su juventud, «conquistó el patrocinio de una viuda rica», y más adelante se casaron, aun cuando ella era quince años mayor que él.[3] Estuvieron casados durante veinticinco años, hasta que ella murió. Al parecer, se trató de un matrimonio monógamo y muy devoto. Ergun y Emir Caner, en su esclarecedor libro *Desenmascaremos el Islam*, escribieron: «Solo después [después de la muerte de su esposa] Mahoma tuvo otras once mujeres como esposas y concubinas, la más joven de las cuales tenía nueve años cuando consumaron su matrimonio».[4]

Durante el decimoquinto año de su primer matrimonio, cuando Mahoma tenía cuarenta años, recibió la primera revelación mientras meditaba en su cueva preferida. Estaba profundamente consternado por la cultura espiritual y moral de su ciudad natal, La Meca. Las personas que vivían allí eran prósperas, pero politeístas y llenas de tradiciones paganas. Su cultura se veía arrasada con las luchas entre las tribus. Era un sitio de constante violencia y venganza sangrientas. Karen Armstrong, estudiosa del islamismo, escribió: «Arabia era una nación crónicamente violenta».[5] Era la encarnación de la profecía de Dios sobre Ismael en Génesis 16.12.

Mahoma dijo que, en la primera revelación, le habló el ángel Gabriel. Resulta interesante notar que Gabriel es el mismo ángel que se le apareció a María, la madre de Jesús, para anunciarle su concepción sobrenatural del Hijo de Dios cuando ella era virgen. Un estudio comparativo revela que gran parte de lo que se encuentra en el islamismo y el Corán fue sacado de las historias del Antiguo y el Nuevo Testamento, si bien un análisis detallado muestra que muchos de los detalles fueron modificados.

Inicialmente, esas revelaciones asustaron a Mahoma. Todo su cuerpo se convulsionó, transpiraba profusamente, oía voces y sonidos extraños. Al comienzo, no estaba seguro de si esas voces pertenecían a Alá (nombre árabe de Dios) o al diablo. Incluso llegó a preguntarse si no estaría poseído por un espíritu del mal. Sin embargo, cuando le contó sobre las revelaciones a su devota esposa, ella quedó impresionada y creyó que eso podía provenir de Dios. Entonces, lo llevó a visitar a un primo de ella que creía en un solo Dios y que era muy versado en las Sagradas Escrituras del judaísmo y el cristianismo.[6] Este creyó que la revelación era legítima.

Sin embargo, y pese a ese aliento, al principio Mahoma se comportó con cautela. No parecía creer que estaba iniciando una nueva religión, sino recibiendo revelaciones que purificarían a las religiones antiguas. En el Corán, se lo cita de esta manera: «Yo no soy el primero de los enviados. Y no sé lo que será de mí, ni lo que será de vosotros. No hago más que seguir lo que se me ha revelado» (Sura 46.9).[7] Pero después de dos o tres años (hay controversia respecto del marco temporal), Mahoma comenzó a hablar de sus revelaciones con otras personas, y se le unieron los primeros conversos de lo que sería una nueva religión. Su nombre sería islamismo, que significa «sometimiento»; sometimiento absoluto a Alá.

Sin embargo, como suele suceder, algunos grupos de personas se mostraban reacios a abandonar su cultura y sus creencias religiosas. Eso fue lo que sucedió en La Meca. Las personas que vivían allí no querían abandonar sus numerosos dioses por uno solo, Alá. Muchos pensaban que Mahoma estaba loco y que era una mala influencia para su cultura. Las cosas se pusieron tan difíciles que lo echaron de la ciudad, y en 622 A.D. escapó a Medina junto a su pequeño grupo de seguidores.[8] Medina siempre ocupó un lugar preferencial para el islamismo, y en la actualidad es su segundo lugar más sagrado, después de La Meca. En Medina, Mahoma se transformó de profeta itinerante —con nuevas ideas religiosas monoteístas— en el fundador de una combinación de nueva religión y estado militante.[9] ¿Cómo se llegó a eso?

## LA HOSTILIDAD DE LOS JUDÍOS

Cuando llegó a Medina, Mahoma se vio atraído por la gran comunidad judía y su creencia monoteísta en un Dios verdadero. Comenzó a enseñar a su pandilla de musulmanes que copiaran algunas de las prácticas religiosas de los judíos, como orar en dirección a Jerusalén varias veces al día y no comer carne de cerdo.

Pero con el tiempo, cuando vieron cuán diferente era de la enseñanza bíblica, los judíos rechazaron su enseñanza. Eso causó amargura a Mahoma, por lo que sus enseñanzas comenzaron a adoptar gran hostilidad hacia los judíos. En el Corán, se cita esta frase suya: «Verás que los más hostiles a los creyentes [musulmanes] son los judíos y los asociadores» (Sura 5.82). También dijo «Los que no crean, tanto gente de la Escritura [los judíos] como asociadores estarán, eternamente, en el fuego de la gehena. Ésos son lo peor de la creación» (Sura 98.6). Como el Corán es una recopilación de las enseñanzas de Mahoma, en la actualidad sus auténticos seguidores adhieren su enseñanza sobre los judíos; como el Corán es el Libro Sagrado absolutamente infalible del islamismo, esa fe se ha empapado de odio hacia los judíos.[10]

En esa época, en Medina, Mahoma comenzó a ver a los judíos como «un pueblo taimado y traicionero, que persiguió a los profetas del pasado y falsificó las Sagradas Escrituras».[11] Este cambio de perspectiva es un ejemplo clásico de una verdad a medias. Es cierto que la Biblia dice claramente que el pueblo judío persiguió y rechazó a algunos de los profetas que Dios les envió (Jeremías es el que más me viene a la mente), pero *nunca* falsificaron las Sagradas Escrituras del Antiguo Testamento. Este es un ejemplo perfecto de una verdad a medias inspirada por el diablo para justificar el odio por los judíos.

Mahoma vio que los cristianos y los judíos tenían conocimientos claros sobre su deidad, cosa que los árabes no tenían. De modo que tomó enseñanzas bíblicas y les hizo algunos ajustes para elaborar su propia religión.

Los judíos celebraban su sabbat el sábado. Para los cristianos, el día de culto era el domingo. Entonces, Mahoma convirtió al viernes en su sabbat. Eso hace que, en la actualidad, viajar a Jerusalén sea muy interesante, ya que la población observa tres sabbats diferentes de manera muy notoria. Los judíos usaban la trompeta para llamar al pueblo a orar en dirección a Jerusalén tres veces al día, entonces los musulmanes decidieron orar más (5 veces al día) y hacer el llamado a la oración por medio de un almuédano desde lo alto del alminar —un sonido inquietante que en la actualidad puede oírse en las mezquitas de todo el mundo—. Además, los musulmanes ya no orarían más hacia Jerusalén, sino hacia La Meca, la ciudad árabe donde nació Mahoma. Pero no intentó solamente copiar sus enseñanzas y ser mejor que los judíos; su mayor hostilidad se vio en sus hechos.

A mediados de 627 A.D., Mahoma guió a su pandilla de musulmanes a asesinar a entre seiscientos y ochocientos hombres judíos en Medina.

Traían a los judíos en pequeños grupos y les ordenaban que se sentaran en el borde de las zanjas cavadas el día anterior. Luego los decapitaban y empujaban sus cuerpos a la zanja.[12] Como una escena del Holocausto de la Alemania nazi durante la Segunda Guerra Mundial que refleja el intenso odio hacia los judíos, esta es una mentalidad salida directamente del fondo del infierno.

## LA UTOPÍA ISLÁMICA

Más adelante, Mahoma regresó victorioso a La Meca. Se convirtió en la principal influencia de la ciudad y en el líder más poderoso de Arabia.[13] Envalentonado por su éxito, confiado de que era un signo de la bendición de Alá, ya no se vio a sí mismo como un simple mensajero en una larga línea de mensajeros de Dios sino como el último y definitivo profeta. Comenzó a demonizar aun más a todos aquellos que se le oponían. En su discurso de despedida, poco tiempo antes de morir, Mahoma dijo: «Se me ordenó luchar contra todos los hombres hasta que dijeran: "no hay más dios que Alá"». Recuerda, el islamismo (que significa «total sometimiento a Alá»), se fundó basado en la sangre y la violencia. Originalmente, Mahoma quiso unificar y purificar la religión árabe mediante el sometimiento al único Dios, Alá, pero para el momento de su muerte había adoptado una clásica perspectiva utópica. Toda violencia hacia los infieles que se le opongan, y toda la sangre que se derrame, estará justificada para cumplir su sueño utópico.

A la luz de esta historia, el mundo occidental fue ingenuo al concluir que un hombre como el ayatolá Jomeini de Irán era simplemente un extremista musulmán cuando en 1979 dijo sobre la revolución iraní: «Exportaremos nuestra revolución a todo el mundo... hasta que el grito: "No hay otro dios, sino Alá, y Mahoma es su profeta" resuene en todo el mundo"».[14] Lo mismo cuando pensó que Osama bin Laden era un simple extremista islámico cuando dijo acerca del ataque terrorista del 11 de septiembre: «Se me ordenó luchar con las gentes hasta que dijeran que no

hay más dios que Alá».[15] Esos musulmanes simplemente siguen la enseñanza y la visión de su fundador.

A lo que el mundo se enfrenta con el islamismo en el siglo XXI es
lo mismo a lo que se enfrentó en el siglo XX con el enfoque utópico del
marxismo y el nazismo. En algunas ocasiones, cuando digo esto, me
encuentro con incredulidad y desconcierto: «¿Cómo es posible, sobre
todo si el marxismo es ateo y el islamismo afirma ser la verdadera religión
de Alá?» Pero todos ellos son sueños utópicos que creen que no habrá paz
en el mundo hasta que todos se sometan a su ideología. En el islamismo,
al igual que en el marxismo y el nazismo, el fin justifica los medios en
tanto sirva para promover su ideología y su sueño utópico; y eso incluye
el asesinato. El nazismo estaba preñado de odio por los judíos, al igual
que el islamismo. Tanto el nazismo como el marxismo, del mismo modo
que el islamismo, tienen que ver con ganar adeptos para su punto de
vista, pero no mediante el amor y la persuasión, sino mediante el poder,
la fuerza, la intimidación y el terror. Denunciar la maldad del islamismo
en una sociedad islámica tiene el mismo resultado que tuvo denunciar los
males de Joseph Stalin en la Rusia soviética, o la maldad asesina de Mao
en China, o la maldad demoníaca de Adolfo Hitler en la Alemania nazi.
Podemos reconocer la corta vida de la ideología utópica atea del siglo XX
mientras la vemos desmoronarse de manera lamentable en las cenizas de
la historia. Pero en el siglo XXI, la ideología utópica está envuelta en un
mal aun mayor porque involucra el nombre de Dios, de modo que todos
los que se oponen a ella y dicen la verdad de su malevolencia se consideran contrarios a Dios.

## LA EXPANSIÓN DEL ISLAMISMO

Sin embargo, muchos occidentales ignoran que esta ideología utópica del
siglo XXI no es algo nuevo, sino que se remonta 1400 años atrás. La uto-
pía del islamismo avanzó rápidamente por Arabia en el siglo VII como
reguero de pólvora, y este avance se realizó mediante conquistas militares.

Pero no se detuvo allí. Bernard Lewis, el gran erudito del islamismo de la Universidad de Princeton, escribió sobre la manera en que avanzó desde Arabia para conquistar Siria, Palestina, Egipto y el norte de África en el mismo siglo VII. Muchos cristianos ignoran que todos esos eran baluartes del cristianismo antes de que eso ocurriera.[16]

La conquista de Jerusalén fue un hecho importante para los musulmanes debido a Abraham. Mahoma proclamaba a Abraham como el profeta original del islamismo, razón por la cual se lo considera el padre de las tres religiones más influyentes del mundo. Más adelante en ese mismo siglo, en 691 A.D., cuando los musulmanes terminaron la construcción de la Cúpula de la Roca en el sitio donde Abraham había estado dispuesto a sacrificar a su hijo a Dios, consideraron que ese hecho demostraba la superioridad de Alá sobre el Dios de los judíos.

Resulta interesante notar que, aun cuando el Corán no menciona eso específicamente, la tradición islámica sostiene que el hijo que Abraham estuvo dispuesto a sacrificar a Alá fue Ismael y no Isaac. La Cúpula de la Roca se asienta encima de esa roca especial sobre la que estuvo a punto de suceder el sacrificio.

Obviamente, este no es más que otro ejemplo de las falsas enseñanzas y la falsa naturaleza del islamismo. El islamismo incluso dice que Noé, Abraham e Ismael eran seguidores de Alá, lo cual es cuando menos extraño, ya que esa fe no existía en su época. El islamismo y la cultura árabe ven a Ismael, el hijo mayor de Abraham, como el verdadero heredero. Por supuesto, todo eso contribuye a convertir a la Cúpula de la Roca en un sitio aun más sagrado para el islamismo.

Lewis también menciona que en el siglo VIII los musulmanes conquistaron España y Portugal. Ciertamente era una religión en movimiento. A su modo de ver, esas conquistas continuas reforzaban la superioridad de Alá.

Siguieron avanzando e invadieron Francia y, como mencioné en el capítulo 1, si Francia no hubiera detenido la violenta ofensiva musulmana en 732 A.D., la mayor parte de Europa y, con el tiempo, América del Norte y del Sur, habrían sido fácilmente dominados por la fe musulmana.

Otra verdad que muchos cristianos desconocen es que los éxitos militares no solo son testimonio de la superioridad de Alá para los musulmanes, sino que las pérdidas son vistas como meros reveses temporales en la consecución de su sueño de someter a todo el mundo a Alá. En el mundo árabe y musulmán, el foco está en el poder, sobre todo en el poder militar. De modo que cuando hay pérdidas, los musulmanes no aceptan la derrota o abandonan, sino que esperan hasta tener el poder necesario o un posible cambio de estrategia para seguir avanzando. Por ejemplo, en la actualidad el islamismo está creciendo rápidamente en Europa, pero no por medio del poder militar sino con la inmigración y su alta tasa de natalidad.[17] Está creciendo a un ritmo tal que, durante este mismo siglo, los musulmanes podrían fácilmente convertirse en el grupo mayoritario en muchas naciones europeas. Muammar Gadaffi habló sobre este cambio de estrategia: «Hay signos de que Alá concederá al islamismo la victoria en Europa, sin espadas, sin armas, sin conquistas».[18]

Esta paciente espera a tener el poder necesario para impulsar el islamismo se vio también en el siglo IX cuando los árabes musulmanes llegaron a Europa desde otra dirección. Atacaron y conquistaron Sicilia, y para el año 846 habían saqueado Roma.[19] Lo que los historiadores suelen omitir es que fue el terror generado en el centro del cristianismo occidental el que preparó el escenario de la muy equivocada visión de las Cruzadas. En esa época, la Iglesia adoptó la mentalidad muy islámica de unificar el estado y la Iglesia en una Guerra Santa.[20]

Las Cruzadas tuvieron lugar entre 1095 y 1291 para «rescatar» la Tierra Santa. Sin embargo, el islamismo salió triunfante, y eso se convirtió en una nueva reivindicación de Alá. Los musulmanes vieron sitiada su tierra y creyeron que Alá les había dado la victoria. Si hay una cosa que envalentona a los árabes musulmanes, es la victoria, ya que consideran que es un signo de que los «infieles» (es decir, los no musulmanes, los «asociadores», según el Corán) se han debilitado.

En ese momento de la historia no parecía haber fuerza más poderosa en el mundo que el islamismo. Según Bernard Lewis, era el mayor poder militar de la tierra. Además de tener poderío militar, eran los principales comerciantes del mundo y habían alcanzado altos niveles de desarrollo en las artes y las ciencias.[21]

Incluso las hordas de mongoles de Gengis Kan, cuando avanzaron hacia el oeste en Asia central, en lo que hoy es Irak, y conquistaron esas tierras, se convirtieron al islamismo y finalmente fueron derrotados.[22] Luego, en el siglo XIV, el Imperio Otomano (los turcos) comenzó a dominar al islamismo. Para 1453, los otomanos habían conquistado Constantinopla (actualmente, Estambul), el asiento oriental del cristianismo y el último baluarte del Imperio Romano oriental conocido como Bizancio. Fue uno de los días más tristes de la historia cristiana. Cuando quitaron la cruz ubicada sobre lo que había sido la mayor catedral cristiana del mundo, Santa Sofía, los musulmanes lo interpretaron como un símbolo de la grandeza de Alá y del islamismo sobre el cristianismo. En ese momento, parecía que nada detendría el gran poder y la expansión del islamismo. Sin embargo, nada de eso debería sorprendernos a la luz de la promesa que Dios le hizo a Abraham en Génesis 17.20. «Y en cuanto a Ismael, también te he oído; he aquí que le bendeciré, y le haré fructificar y multiplicar mucho en gran manera; doce príncipes engendrará, y haré de él una gran nación». Dios le prometió a Abraham que construiría una gran nación o pueblo a partir de Ismael. Lo que Dios no le explicó a Abraham fue el prolongado conflicto que resultaría de la misericordia que Dios tuvo de Abraham pese a que este no esperara que Dios le diera el hijo prometido.

## EUROPA GANA IMPORTANCIA

Llegó 1492 y ocurrió un gran cambio. Para los americanos, 1492 es el año en que los reyes Fernando e Isabel de España enviaron a un explorador italiano llamado Cristóbal Colón a que navegara al oeste hacia lo que él creía que era la India. Como sabemos hoy, descubrió otro tipo de territorio indígena. Pero este también fue el año que marcó lo que el cristianismo consideró la purificación de España. Tras ocho siglos de soberanía islámica, los musulmanes fueron expulsados. Lamentablemente, como sucedió más de una vez con cristianos bienintencionados en las llamadas Guerras Santas, los judíos fueron victimizados en el proceso. Fueron terriblemente maltratados en las Cruzadas. Los invasores cristianos asesinaron judíos e incendiaron sinagogas a su paso mientras avanzaban para luchar contra los musulmanes y reclamar los territorios para la Iglesia. Más adelante ese mismo año, expulsaron a todos los judíos de España. Fue un día muy oscuro en la historia de la cristiandad.

Con ese cambio cumbre en el año 1492, la llamada Europa cristiana se puso al frente del desarrollo y la civilización. Si bien Solimán *el Magnífico* llevaría al Imperio Otomano a su mejor momento en el siglo xvi, los musulmanes se pusieron a la defensiva cuando los turcos otomanos fallaron en su intento por tomar Viena en 1529. La victoria de España parecía motivar a Europa a una era de expansión colonial por África y América del Norte y del Sur. En Europa se inició la época dorada del Renacimiento, y el islamismo comenzó a retirarse en dirección a Asia Central, Medio Oriente y el norte de África, en lo que vio como un momento de fortalecimiento interno bajo la unidad que los turcos le habían dado a gran parte del islamismo. Esto continuó hasta comienzos del siglo xx, hasta la Primera Guerra Mundial.[23]

Paul Johnson escribió: «A lo largo del siglo xix, la política británica fue en gran parte tratar a Turquía, "el enfermo de Europa", con delicadeza e intentar mantener juntas las piezas de su imperio, que se caía a pedazos. Todo eso cambió cuando Turquía [los musulmanes otomanos] se unieron a Alemania en 1914».[24] Después de la Primera Guerra Mundial, Arabia Saudita se apresuró a reclamar la Península Arábiga cuando Turquía se desplomó, diezmando a todos en el camino —otra vez se cumplía la profecía de Ismael—. «Luego, la política anglofrancesa fue quitarle a Turquía sus provincias árabes y repartirse el botín».[25] De modo que Francia se quedó con Siria y Líbano, y Gran Bretaña con Palestina y Transjordania. El joven ministro de guerra británico que llevó a cabo gran parte de ese proceso de división del botín de Medio Oriente se llamaba Winston Churchill. Mientras estaba en Egipto (en ese momento, bajo la soberanía británica), literalmente marcó nuevos reinos en el mapa.

1922: Separación de Transjordania

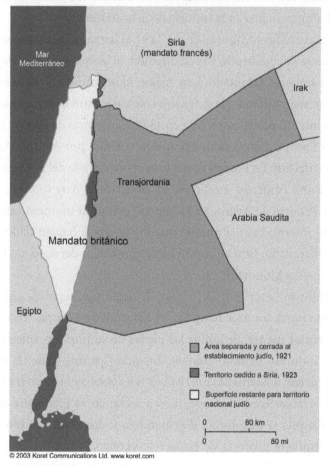

De pronto, aparecieron nuevas naciones llamadas Transjordania (Jordania) e Irak. Con el control británico de India y de gran parte de Medio Oriente, Churchill solía jactarse: «El Imperio Británico es el mayor poder musulmán del mundo».[26]

Todo eso humilló a los musulmanes de Medio Oriente y, peor aún, fue una humillación a Alá. Pero los británicos no habían terminado. En 1917, Gran Bretaña publicó la Declaración Balfour, descrita en el capítulo 2, donde se pedía la creación de una nación para los judíos en Palestina. Churchill, ministro de Asuntos Exteriores de Gran Bretaña, fue un gran entusiasta de esa declaración.[27] El mundo árabe musulmán estaba horrorizado. Cuando conquistaron Jerusalén, en 638 a.d., en los comienzos del islamismo, reclamaron Jerusalén como territorio de Alá. Eso quedó claramente ilustrado con la construcción de la Cúpula de la Roca en el sitio del antiguo templo de los judíos apenas cuarenta años después, en 691. A su modo de ver, eso fue una demostración de la superioridad de Alá sobre el Dios de los judíos. Sin embargo, con la Declaración Balfour, Gran Bretaña y su legado bíblico cristiano mostraron el camino a un punto de vista ya adoptado por muchos líderes judíos sionistas en Europa.

Luego, después de la Segunda Guerra Mundial, el horror del Holocausto y la sensación de culpabilidad que todo el mundo sintió por ello, las Naciones Unidas aprobaron la creación de un estado nacional para los judíos en Palestina. El 14 de mayo de 1948, Israel volvió a nacer. El mundo árabe musulmán estaba indignado y, como ya hemos visto, cinco naciones árabes musulmanas alrededor de Israel le declararon inmediatamente la guerra con la intención de echar a los judíos al mar.

Sin embargo, estamos en el siglo xxi e Israel sobrevivió pese a contar con fuerzas muchísimo menores y a estar rodeada de naciones árabes musulmanas que no soportan su existencia. Eso hizo que la humillación de los árabes musulmanes y del mismo Alá se intensificara.

Quizá esto parezca un curso acelerado de historia mundial, pero para los judíos y cristianos seguidores de la Biblia es un recordatorio de que Dios instrumenta los sucesos de la historia. Puede parecer que son los juegos políticos y las victorias militares del hombre las que determinan las decisiones, pero Dios es quien controla todo.

## La supremacía dentro del islamismo

Sin embargo, la historia no termina aquí. Cuando Ahmadinejad, el presidente de Irán, dice que hay que borrar a Israel de la faz de la tierra, su motivación no es únicamente el odio a los judíos. Tampoco lo hace solo para cumplir su visión utópica y apocalíptica islámico chiíta. Se trata de un llamado a unir al mundo islámico bajo el liderazgo de Irán, ya que desde la caída del Imperio Otomano a finales de la Primera Guerra Mundial, ha habido un vacío de poder en el mundo musulmán.

Primero fueron los saudíes los que quisieron reclamar ese poder, sobre todo en Arabia, cuando cayeron los turcos. Sin embargo, los británicos lograron mantenerlos a raya en una pequeña porción de Arabia.

Luego, en los años cincuenta, Abdul Nasser llegó al poder en Egipto. Tenía un «sueño nacionalista panarábigo. Su objetivo era convertirse en el líder preeminente de un mundo islámico unificado, e Israel era el revés perfecto para sus ambiciones... En julio de 1956, Egipto nacionalizó el canal de Suez y bloqueó el estrecho de Tirán, lo que cortó el acceso de Israel a Asia y África. [Luego], el ejército egipcio comenzó a tomar partes del Neguev (el sur de Israel)».[28] Ese mismo mes, Egipto firmó un acuerdo con Siria y Jordania que convertía a Nasser en líder de sus fuerzas, y este emitió el siguiente comunicado: «Egipto ha decidido despachar a sus héroes, sus discípulos de faraón y los hijos del islam, y ellos limpiarán la tierra de Palestina. Exigimos venganza, y la venganza es la muerte de Israel... Nuestro odio es muy fuerte. No tiene ningún sentido hablar de paz con Israel».[29]

Con semejante amenaza pendiendo sobre su cabeza, Israel lanzó un ataque preventivo sobre Egipto durante el gobierno del primer ministro David Ben-Gurion el 29 de octubre de 1956. Alrededor de una semana más tarde, Israel había ocupado toda la región del Sinaí y acabado con el bloqueo del estrecho de Tirán. ¿Fue un milagro? Sí. Pero para el mundo árabe musulmán fue una nueva humillación.

Luego sucedió la Guerra de los Seis Días, en 1967. Una vez más, las fuerzas árabes musulmanas estaban listas para atacar. Egipto estaba reuniendo sus fuerzas junto a la frontera sur de Israel, y las tropas sirias estaban preparadas para dar el golpe junto a los Altos del Golán, alrededor de Galilea en el norte de Israel. Como buen musulmán que era, Nasser, aún presidente de Egipto, escribió que esa vez estaban preparados para ganar porque eran ellos los que tenían el poder. Sus palabras fueron: «Estuvimos esperando el día en que estuviéramos completamente preparados y confiados. En el último tiempo, sentimos que tenemos la fuerza suficiente, que si entramos en batalla con Israel, podremos triunfar con la ayuda de Dios».[30]

Una vez más, la existencia de Israel se veía amenazada. Una vez más, lanzó un ataque preventivo que destruyó las fuerzas aéreas de Egipto y Siria antes de que pudieran despegar. El mundo recuerda ese momento de la historia como la Guerra de los Seis Días, otro milagroso triunfo israelí. En esa guerra, Israel ocupó el Sinaí y los Altos del Golán, así como gran parte de Cisjordania y toda Jerusalén. Esa completa liberación de Jerusalén le permitió a Israel reclamar el Monte del Templo. Lágrimas de alegría corrían por el rostro de los judíos en Israel por haber recuperado el control de lo que habían perdido a manos de Roma en 70 A.D.

En 1973, fue el momento de la Guerra de Yom Kippur, la que tomó a Israel desprevenida. Los árabes lanzaron un ataque en Yom Kippur (el día del perdón), la fecha más sagrada del año para los judíos, cuando la nación está prácticamente parada y todos oran y rinden culto en las sinagogas o se reúnen con sus familias. Sin embargo, Israel milagrosamente pudo devolver el golpe y volvió a salvarse. Los milagros de supervivencia y triunfo ante fuerzas hostiles sucedían una y otra vez.

Una cosa era que Europa contuviera la expansión del islamismo, pero que la pequeñita Israel, con una población de 650,000 habitantes, repeliera el 14 de mayo de 1948 a cientos de millones de árabes musulmanes que la rodeaban por todos los costados y lo volviera a hacer en los años cincuenta, los sesenta y los setenta, era una completa humillación para el mundo musulmán.

A la luz de la promesa que Dios le hizo a Abraham casi cuatro mil años antes —«Bendeciré a los que te bendijeren, y a los que te maldijeren maldeciré» (Génesis 12.3)—, los cristianos y los judíos seguidores de la Biblia pueden haberse asombrado ante los sucesos, pero no se sorprendieron. Para quien cree en las promesas de la Palabra de Dios, ponerse del lado equivocado de la historia, en contra del pueblo elegido por Dios, es claramente una tontería.

Pero el vacío de poder en el mundo musulmán continuó. En la década de los ochenta, Saddam Hussein e Irak entablaron una guerra sangrienta contra el ayatolá Jomeini e Irán. La guerra se luchó hasta llegar a un punto muerto, pero la verdadera cuestión detrás de ella era la supremacía en el mundo musulmán.

Luego, a comienzos de los noventa. Saddam cambió de estrategia e invadió Kuwait. Con esa guerra contra Estados Unidos (principal apoyo de Israel) y los aliados de esa pequeña nación, Saddam intentó poner de su lado a los árabes musulmanes, pero falló. Sufrió una derrota contundente.

Ahora bien, ¿tiene alguien idea de qué están tramando Ahmadinejad e Irán? El objetivo es el liderazgo del mundo musulmán, y el odio a Israel y los judíos es lo que los impulsa. Sin embargo, los musulmanes en Egipto y Arabia Saudita se oponen a Irán. ¿Por qué? Por un lado, eso se debe a la supremacía islámica entre árabes y persas. Pero eso no es todo.

## SUNITAS CONTRA CHIÍTAS

Después de la muerte de Mahoma en 632 A.D., tuvo lugar una enorme lucha de poder por el liderazgo del islamismo. Algunos pensaban que el liderazgo musulmán debía limitarse a los descendientes directos de Mahoma. Esos musulmanes son lo que se conocen como chiítas. Pero había otros que creían que el poder debía recaer en manos de los califas —líderes espirituales que podían tener o no una relación de parentesco con Mahoma—. Estos son los llamados sunitas, y comprenden casi el noventa por ciento del mundo musulmán.[31] Los chiítas son mayoría en Irán e Irak, aun cuando Saddam Hussein y sus agentes sunitas los forzaron a someterse a su soberanía.

Día tras día, los estadounidenses y el mundo occidental quedan aturdidos al ver terroristas suicidas musulmanes bombardeando a otros musulmanes. A veces eso sucede incluso cuando están rindiendo culto en las mezquitas. Sin embargo, en realidad se trata del ejemplo perfecto del cumplimiento de la profecía que Dios hizo a Ismael y sus herederos en Génesis 16.12:

*Él será hombre fiero;*
*su mano será contra todos,*
*y la mano de todos contra él.*

Árabes contra judíos. Árabes contra árabes. Árabes contra persas. Musulmanes contra judíos. Musulmanes contra cristianos. Musulmanes contra musulmanes.

¿Debemos simplemente elevar las manos al cielo en un gesto de impotencia e indignación ante esta violencia que parece irremediable? ¡De ninguna manera! Los cristianos creemos que podemos confiar de forma definitiva en una persona: Jesucristo. No solo es el Príncipe de la Paz, sino que ha venido para ser el Salvador de los judíos, los musulmanes, los árabes y toda la humanidad.

Esto nos lleva al siguiente capítulo sobre la perspectiva cristiana en el análisis del conflicto de Medio Oriente. Desde la misma, veremos que el intermediario suele quedar atrapado en medio del fuego cruzado.

# 11

## LA PERSPECTIVA CRISTIANA

*Y dará a luz un hijo, y llamarás su nombre Jesús
porque Él salvará a su pueblo de sus pecados*
—MATEO 1.21

La perspectiva cristiana comienza con el nacimiento de Jesucristo. El Nuevo Testamento contiene creencias que manan del Antiguo Testamento y la fe judía, y está dividido en cuatro partes:

- LOS EVANGELIOS, que relatan el nacimiento, la vida, el entierro y la resurrección de Jesucristo, el largamente esperado Mesías de Israel, quien es además el Hijo de Dios, el Salvador y Señor.
- HECHOS DE LOS APÓSTOLES, que cuentan el nacimiento y los comienzos de la historia de la Iglesia, y se centran principalmente en los apóstoles Pedro y Pablo.
- LAS EPÍSTOLAS, las cartas enviadas a las primeras iglesias, que enseñan la doctrina (cómo creer en Jesús) y cómo vivir por Él. El apóstol Pablo escribió la mayoría de esas cartas, si bien los apóstoles Pedro y Juan —y otros— también escribieron algunas.

- EL APOCALIPSIS, la revelación que Cristo le hizo al apóstol Juan, que enseña los acontecimientos que llevarán a la Segunda Venida de Jesús y al final de los tiempos. Es un libro rico en simbolismo y, posiblemente, el más difícil de entender.

En sus comienzos, la Iglesia era abrumadoramente judía. Jesús y todos los discípulos lo eran. Los judíos tradicionales y los que seguían a Jesús como Mesías y como el Hijo de Dios, se separaron en el siglo primero. Antes de convertirse y transformarse en seguidor de Cristo, el apóstol Pablo era un importante judío tradicional de la aristocracia. Al poco tiempo, la Iglesia tuvo una abrumadora mayoría gentil, con unos pocos seguidores judíos, y se ha mantenido de esa manera hasta nuestros días.

Con el tiempo, Roma y Constantinopla (actual Estambul), se convirtieron en los dos centros más importantes de la Iglesia. Sin embargo, para los cristianos seguidores de la Biblia, ninguna ciudad es más importante que Jerusalén, ya que es allí donde Cristo fue crucificado y donde se levantó de entre los muertos. Este suceso representa el centro de la fe cristiana.

## EL PEQUEÑO PUEBLO DE BELÉN

El pequeño pueblo de Belén tiene una importancia única para el legado judío y cristiano. Sin embargo, en la actualidad se encuentra bajo control de la Autoridad Palestina y del islamismo.

Belén es el sitio donde murió Raquel, la amada esposa del patriarca judío Jacob. Fue el escenario del romance entre Rut y Booz, bellamente contado en el libro de Rut. Fue el lugar de nacimiento de un niñito judío que cuidaba a las ovejas en las colinas y creció para convertirse en el rey David, el más importante de los monarcas de Israel. Además, el profeta judío Miqueas anunció que el Mesías de los judíos, el heredero del trono de David, nacería en el pequeño pueblo de Belén:

*Pero tú, Belén Efrata,*
*pequeña para estar entre las familias de Judá,*
*de ti me saldrá el que será Señor en Israel;*
*y sus salidas son desde el principio,*
*desde los días de la eternidad.* (Miqueas 5.2)

Los evangelios de Mateo y Lucas describen el nacimiento de Jesús en Belén como el cumplimiento de la profecía de Miqueas. Mateo dice que cuando los sabios [conocidos como los reyes magos] de Oriente —posiblemente de Persia— vieron la estrella y se dirigieron a Jerusalén en busca del lugar de nacimiento del rey de los judíos, los escribas y principales sacerdotes judíos fueron claros: el Mesías nacería en Belén.

En la actualidad, Belén es un lugar muy triste. Con la ciudad bajo control palestino musulmán, los árabes cristianos están siendo rápidamente expulsados. El 28 de diciembre de 2009, el *Wall Street Journal* publicó un artículo titulado: «Los refugiados palestinos olvidados». El artículo relataba la forma en que los palestinos cristianos son expulsados por los musulmanes con el apoyo de la Autoridad Palestina. A mediados del siglo xx, el ochenta por ciento de la población de Belén estaba compuesta por palestinos cristianos, proporción que en la actualidad se reduce al veinte por ciento, principalmente debido a la emigración cristiana.[1]

Nunca olvidaré el temor y la ansiedad en el rostro de uno de nuestros guías turísticos árabes cristianos después de que los musulmanes tomaran control de la ciudad. Estábamos afuera de la iglesia de Belén, que honra el sitio de nacimiento de Jesús, y le pedimos que nos explicara la situación. Comenzó a transpirar profusamente y dijo que no podía hablar de eso. Luego, mientras recorríamos el santuario de la hermosa Iglesia de la Natividad, le volvimos a preguntar si podía ponernos al tanto de la situación. Nuestro pobre y amable guía comenzó a transpirar otra vez y se le llenaron los ojos de lágrimas. «No es buena —dijo—. No sabemos cuánto tiempo más podremos quedarnos aquí. Mi familia está planeando escapar. Esto nos rompe el corazón; este es nuestro hogar, el lugar de nacimiento de nuestro Señor. Pero realmente no debería decir nada más. Si me oyen, toda mi familia correrá peligro». Le preguntamos: «¿Podemos orar por ustedes?», y contestó: «Háganlo, por favor». Muchas de las personas de nuestro grupo lloraron por este hombre y por su situación; es difícil explicar la tensión que sentimos en Belén ese día.

Menciono esto porque creo que Belén es una metáfora de la tensión y el conflicto actual en Medio Oriente. Nunca olvidaré lo próspero que era el pueblo de Belén cuando se encontraba bajo control israelí. Hoy es un lugar opresivo con tiendas tapiadas con madera y miradas hostiles.

Creo que la razón de su prosperidad durante el control israelí se debió al legado bíblico compartido por judíos y cristianos; y pienso que en la actualidad es un lugar de gran tristeza y tensión porque la propia naturaleza del islamismo —de su nombre, de su fundador, de sus creencias— tiene que ver con someter a todos a Alá mediante la intimidación.

## LA TENSIÓN EN BELÉN

Desde el momento en que Jesús llegó al mundo, ha habido gran tensión en el pequeño pueblo de Belén, su ciudad natal. Es comprensible que a los cristianos nos guste enfocarnos en la buena noticia y la alegría de su nacimiento. Nos encanta reflexionar sobre la manera en que se le rindió culto en los días posteriores a su nacimiento, y debemos hacerlo. La celebración del nacimiento del Salvador en la ciudad de David fue enorme, al igual que la alegría ocasionada por el acontecimiento. Los pastores se acercaron y se llenaron de gozo. Los reyes magos de Oriente le rindieron culto como Señor. Pero los cristianos suelen pasar por alto el «resto de la historia». Después de la llegada de Jesús al mundo, y una vez que los reyes magos emprendieron su camino de regreso, hubo gran tensión en Belén.

> Pero siendo avisados [los reyes magos] por revelación en sueños que no volviesen a Herodes, regresaron a su tierra por otro camino.
>
> Después que partieron ellos, he aquí un ángel del Señor apareció en sueños a José y dijo: Levántate y toma al niño y a su madre, y huye

a Egipto, y permanece allá hasta que yo te diga; porque acontecerá que Herodes buscará al niño para matarlo.

Y él, despertando, tomó de noche al niño y a su madre, y se fue a Egipto, y estuvo allá hasta la muerte de Herodes; para que se cumpliese lo que dijo el Señor por medio del profeta, cuando dijo: De Egipto llamé a mi Hijo.

Herodes entonces, cuando se vio burlado por los magos, se enojó mucho, y mandó matar a todos los niños menores de dos años que había en Belén y en todos sus alrededores, conforme al tiempo que había inquirido de los magos.

Entonces se cumplió lo que fue dicho por el profeta Jeremías, cuando dijo:

Voz fue oída en Ramá,

Grande lamentación, lloro y gemido;

Raquel que llora a sus hijos,

Y no quiso ser consolada, porque perecieron.

Pero después de muerto Herodes, he aquí un ángel del Señor apareció en sueños a José en Egipto, diciendo: Levántate, toma al niño y a su madre, y vete a tierra de Israel, porque han muerto los que procuraban la muerte del niño.

Entonces él se levantó, y tomó al niño y a su madre, y vino a tierra de Israel. (Mateo 2.12-21)

En este relato histórico hay varios detalles importantes. Primero que nada, *sin lugar a dudas, Dios estaba al mando*. Él es todopoderoso. Herodes quería matar a Jesús, pero Dios intervino de manera milagrosa, primero mediante los reyes magos y luego por medio de José, el padre y protector terrenal de Jesús.

En segundo lugar, *Dios los guió hacia Egipto*. La huida de María, José y Jesús a Egipto los llevaría al mismo lugar donde sus ancestros habían sido esclavos de Faraón desde los días de José —el undécimo hijo de Jacob o Israel—, hasta la época de Moisés, su redentor terrenal. Ahora, en lugar de ser un sitio de esclavitud, Egipto se convertía en santuario de nuestro Señor. Cómo había cambiado Egipto a los ojos de Dios después de haber ejecutado su juicio tan duramente sobre esa nación por haber esclavizado a sus hijos especialmente elegidos, los israelitas. Eso también resulta fascinante ya que se trató del cumplimiento de la profecía bíblica que Dios expresó por medio del profeta Oseas: «Cuando Israel era muchacho, yo lo amé, y de Egipto llamé a mi hijo» (Oseas 11.1). Mateo solamente cita la segunda parte del versículo, pero la primera frase revela la especial relación de Israel y el Hijo de Dios. Están eternamente entrelazados.

En tercer lugar, *Herodes quería eliminar a Jesús*. En un ejemplo paranoico de maldad y crueldad, Herodes quería eliminar a cualquiera que amenazara su poder. Pero ver esto solo desde la perspectiva de la maldad y crueldad de un hombre implica perderse gran parte de la historia. Ya tocaremos ese tema, puesto que hay mucho más detrás de este hecho.

Cuarto, *la matanza de los bebés que Herodes ordenó en Belén fue un acto de maldad despreciable*. Sin embargo, esa matanza fue profetizada por Jeremías cientos de años antes del nacimiento de Jesús:

*Así ha dicho Jehová:*
*Voz fue oída en Ramá,*
*llanto y lloro amargo;*
*Raquel que lamenta por sus hijos,*
*y no quiso ser consolada acerca de sus hijos,*
*porque perecieron.* (Jeremías 31.15)

Por último, *cuando murió Herodes, Dios guió a José, María y al niño Jesús de regreso a la tierra prometida*, donde se desarrolla el resto de su vida. Sin embargo, lo que resulta tan interesante del trasfondo de la tensión en Belén después del nacimiento de Jesús es la especial relación entre Israel y Jesús con poderes y religiones terrenales descaminados.

## La señal de Apocalipsis 12

Hay otras profecías que clarifican la tensión entre Belén, Israel, Jesús y el Medio Oriente, así como también el mundo en que vivimos. Las podemos encontrar en Apocalipsis 12.1-6:

> Apareció en el cielo una gran señal: una mujer vestida del sol, con la luna debajo de sus pies, y sobre su cabeza una corona de doce estrellas. Y estando encinta, clamaba con dolores de parto, en la angustia del alumbramiento. También apareció otra señal en el cielo: he aquí un gran dragón escarlata, que tenía siete cabezas y diez cuernos, y en sus cabezas siete diademas; y su cola arrastraba la tercera parte de las estrellas del cielo, y las arrojó sobre la tierra. Y el dragón se paró frente a la mujer que estaba para dar a luz, a fin de devorar a su hijo tan pronto como naciese. Y ella dio a luz un hijo varón, que regirá con vara de hierro a todas las naciones; y su hijo fue arrebatado para Dios y para su trono. Y la mujer huyó al desierto, donde tiene lugar preparado por Dios, para que allí la sustenten por mil doscientos sesenta días.

El libro del Apocalipsis es muy rico en simbolismos. Los cristianos seguidores de la Biblia difieren en su interpretación de muchos de los pasajes, pero hay ciertas verdades que no debemos pasar por alto.

### La gran señal en el cielo

¿Qué es esa «gran señal» que aparece en el cielo en el versículo 1? Las personas interesadas en los estudios apocalípticos suelen creer que se refiere a las señales celestiales que marcan el regreso de Cristo tal como lo menciona Él mismo en Mateo 24.29-30: «E inmediatamente después de la tribulación de aquellos días, EL SOL SE OSCURECERÁ, Y LA LUNA NO DARÁ SU RESPLANDOR, Y LAS ESTRELLAS CAERÁN DEL CIELO, y las potencias de los cielos serán conmovidas. Entonces aparecerá la señal del Hijo del Hombre en el cielo; y entonces lamentarán todas las tribus de la tierra, y verán al Hijo del Hombre viniendo sobre las nubes del cielo, con poder y gran gloria». Es muy posible que así sea, pero no olvides que las profecías bíblicas pueden referirse a más de un acontecimiento. Vimos un ejemplo de esto en la profecía de Jeremías y Ezequiel sobre el regreso de los judíos a su tierra. Al profetizar que los judíos regresarían a la tierra prometida tras el cautiverio babilónico que comenzó en 538 A.C., los profetas hablaban sobre su época contemporánea. Posiblemente, no tenían idea de que al pronunciar la intemporal Palabra de Dios hablaban también del regreso masivo de los judíos a Israel que comenzó en el siglo XX. Con un incremento en 1948, este retorno aún continúa en nuestros días.

Bajo esta perspectiva, creo que Apocalipsis 12.1 se refiere más bien a la estrella que apareció sobre Belén; la señal mediante la que Dios les informó a los reyes magos acerca del nacimiento de Jesús.

### ¿Quién es esa mujer?

En cuanto a la mujer descrita en Apocalipsis 12.1-6, hay tres interpretaciones principales. Algunos analistas dicen que esa mujer es la Iglesia, pero esta es una interpretación errónea, ya que fue Jesús quien dio vida a la Iglesia, y no al revés. Algunos afirman que es María, la madre de Jesús. Lo es, sin lugar a dudas, pero es mucho más que eso. Recuerda: por lo general, las profecías tienen diversos niveles de significado. María fue la mujer elegida de Israel para dar a luz al Hijo de Dios.

En este sentido, creo que la mujer aquí descrita es la nación de Israel, ya que Israel fue el pueblo elegido por Dios para traer al mundo a su Hijo.

Definitivamente, esa mujer es a la vez María e Israel, pero sobre todo esta última. ¿Por qué? La Palabra de Dios dice que esa mujer está vestida de sol, con la luna a sus pies y una corona con doce estrellas sobre la cabeza. José, el soñador, el hijo de Jacob, tuvo un sueño que causó gran molestia a sus hermanos —especialmente, a sus diez hermanos mayores—, que se describe en Génesis 37.9: «Soñó aun otro sueño, y lo contó a sus hermanos, diciendo: He aquí que he soñado otro sueño, y he aquí que el sol y la luna y once estrellas se inclinaban a mí». El sueño fue una profecía sobre su padre Israel (el sol) y la luna (te dejaré especular sobre a quién representa la luna) y once estrellas (claramente, sus once hermanos), los que llegado el momento representarían junto a José (mediante su hijo) las doce tribus de Israel. De estas doce tribus proviene la nación de Israel. Esta interpretación de la profecía en la que la mujer es Israel cobra completo sentido al pensar que la mujer da a luz al Hijo de Dios. María simplemente fue la representante personal de Israel.

Quizá te preguntes qué tiene que ver todo esto con la perspectiva cristiana sobre Medio Oriente... Si es así, sigue leyendo.

### El dragón y sus ángeles

En Apocalipsis 12.3-4 se menciona otra señal en el cielo, pero esta no es buena. En el sentido bíblico, es indiscutible que el dragón es el diablo y que las estrellas que se llevó del cielo son los ángeles que lo siguieron. ¿Cómo sabemos eso? Lo dice la Biblia:

> Después hubo una gran batalla en el cielo: [el arcángel] Miguel y sus ángeles luchaban contra el dragón; y luchaban el dragón y sus ángeles; pero no prevalecieron, ni se halló ya lugar para ellos en el cielo. Y fue lanzado fuera el gran dragón, *la serpiente antigua, que se llama diablo y Satanás*, el cual engaña al mundo entero; fue arrojado a la tierra, y sus ángeles fueron arrojados con él. (Apocalipsis 12.7-9; énfasis del autor)

Esta es una descripción de la rebelión del diablo contra Dios en el cielo. ¿A qué se debió? A que quería suplantar a Dios. En su revuelta se le unió la tercera parte de los ángeles del cielo, estos son los ángeles que ahora llamamos demonios. Nadie sabe exactamente cuándo ocurrió eso, pero sin lugar a dudas sucedió en algún momento antes de que Dios creara al primer hombre y a la primera mujer en el jardín de Edén.

Sin embargo, al analizar esta eterna concatenación cósmica de grandes acontecimientos, no olvidemos que describe un momento histórico específico: el nacimiento de Jesús en Belén. El maligno hombre que quiso devorar (o destruir) a este hijo de Dios y de Israel fue el rey Herodes.

Lo que resulta interesante aquí es que Herodes recibió su poder de Roma alrededor del año 40 A.C. En ese momento, Roma representaba el mayor poder del mundo. Al igual que muchos otros gobernantes que son la encarnación del mal desde el punto de vista bíblico, Herodes fue extremadamente exitoso en términos mundanos. Su reconstrucción (mejor dicho, remodelación completa) del segundo templo, realizada después que los judíos regresaron del exilio babilónico, fue espectacular. Sin embargo, según la Palabra de Dios, Herodes es la personificación del mal tanto por lo que quiso hacerle a Jesús como por su increíble crueldad con sus compatriotas.

Herodes es un típico ejemplo a escala del anticristo. Representa a los gobernantes megalómanos que quieren regir y unificar sus reinos en torno a sí mismos. Ya sea que hablemos de Nabucodonosor de Babilonia, de Alejandro Magno de Macedonia, de Antíoco IV Epífanes de Siria —que profanó el templo entre 175-164 A.C.— o de los césares de Roma del siglo primero, su espíritu era el del anticristo. Más recientemente, Napoleón en Francia, Hitler en Alemania, Stalin en Rusia y Mao en China y, hace aun menos tiempo, Saddam Hussein en Irak, todos tuvieron la misma manera de pensar: la mentalidad del diablo; es decir, suplantar a Dios y unificar sus reinos en torno a su autoglorificación.

Una vez más, ¿qué tiene que ver todo esto con la perspectiva cristiana sobre el conflicto de Medio Oriente? Sigue leyendo. Ya casi llegamos.

Lo que resulta tan interesante del hecho de que el maligno Herodes intentara destruir a Jesús es su propia historia. No solo había sido nombrado por Roma, el principal poderío terrenal de la época, sino que era mitad judío y mitad edomita. Lo que intentó hacer Herodes cuando quiso eliminar a Jesús de la historia fue un presagio de lo que la mayoría de los líderes religiosos judíos y los judíos rasos coetáneos de Jesús querrían hacer con el poder de Roma por medio de la crucifixión del Señor. En la actualidad, la mayor parte de sus herederos judíos sigue rechazando a Jesús como Hijo de Dios y como el Mesías de ellos. Pero eso no termina aquí, y si ahora permites que el diablo comience a susurrar pensamientos antisemíticos en tu mente, simplemente dejarás que algunos conceptos incompletos te lleven a una conclusión errónea. No pases por alto el resto de la historia.

El legado edomita de Herodes representa al grupo de personas que mayoritariamente pasó a seguir las enseñanzas de Mahoma, el falso profeta más influyente de la historia de la humanidad. Aquellos de sus herederos que abrazaron el islamismo han caído esclavos de una falsa enseñanza que fue y seguirá siendo la más hostil a Jesús y a sus seguidores.

Lo que los musulmanes están haciendo en la actualidad en Belén, la ciudad donde nació Jesús, es lo que pretenden hacer en toda Israel, el Medio Oriente y, por último, el mundo entero.

En cuanto a aquellas personas descaminadas que erróneamente utilizan la analogía del dragón del Apocalipsis para justificar su hostilidad con los judíos, deben darse cuenta de que la mujer que dio a luz a Jesús es Israel, el pueblo especialmente elegido por Dios. Si bien la mayoría de los judíos han rechazado a Jesús desde el momento de su nacimiento en Belén, aun así son el pueblo especialmente elegido por Dios. Dios no los ha abandonado. El apóstol Pablo escribió: «Digo, pues: ¿Ha desechado Dios a su pueblo? En ninguna manera. Porque también yo soy israelita, de la descendencia de Abraham, de la tribu de Benjamín» (Romanos 11.1).

## LA IMAGEN PROFÉTICA

Por el momento, no pierdas de vista el cuadro que pinta la profecía. El Hijo de Dios no pudo ser destruido por el diablo a través de Herodes en Belén; tampoco pudo ser destruido con su muerte en la cruz en las afueras de Jerusalén. Regresará un día; esta vez, para regir a todas las naciones de la tierra (Apocalipsis 12.5a). Pero, mientras tanto, ha resucitado y ascendido al cielo, donde reina sobre todo desde el trono de Dios (Apocalipsis 12.5b). ¡Realmente es una escena gloriosa! Sin embargo, hay más. Sí, más.

El versículo 4 es muy claro: el diablo, que busca destruir a Jesús, también intentó arruinar al pueblo amado por Dios a lo largo de la historia. Este es el pueblo que trajo a Jesús al mundo. ¿Qué significa el versículo 6? Quienes interpretan Apocalipsis 6-22 como acontecimientos futuros creen que se trata de una profecía según la cual los judíos de la actual Israel huirán al desierto durante la época de la Gran Tribulación. Durante esos días, el anticristo definitivo desatará su odio sobre ellos. Si pensamos en los diferentes niveles de significado de las profecías, ciertamente este puede ser uno de ellos. Sin embargo, describe también otras cosas.

Podría estar describiendo la huida de María y José a Egipto con el niño Jesús cuando debieron escapar del maligno Herodes.

También describe de manera muy simbólica lo que sucedió con los judíos y con Israel en 70-135 A.D., cuando Roma conquistó Jerusalén y arrasó el templo. Jesús profetizó este hecho poco tiempo antes de su crucifixión, en una ocasión en que estaba sentado con sus discípulos en el monte de los Olivos mirando en dirección al templo que había donde hoy se asienta la Cúpula de la Roca. «Cuando Jesús salió del templo y se iba, se acercaron sus discípulos para mostrarle los edificios del templo. Respondiendo él, les dijo: ¿Veis todo esto? De cierto os digo, que no quedará aquí piedra sobre piedra, que no sea derribada» (Mateo 24.1-2). La profecía de Jesús se cumplió, y los judíos fueron expulsados de la tierra prometida, por lo que se dispersaron por todas las naciones del mundo, fuera de su tierra.

Lo que todo esto tiene que ver con la perspectiva cristiana sobre Medio Oriente es que, desde el momento en que el Hijo de Dios llegó al mundo en Belén como un hijo de Israel, el diablo buscó destruirlo. Debido al amor de Dios por Israel, pueblo en cuyo seno eligió traer a su hijo, el diablo también intentó destruir a los judíos y a Israel. Este es el vínculo entre las perspectivas judía y cristiana; siempre estarán unidas por una relación especial.

La oposición demoníaca continuará hasta que Jesús regrese y reine con gran poder sobre todas las naciones de la tierra. Hasta su regreso, el conflicto y la tensión en Medio Oriente continuarán. Israel seguirá enfrentándose a la hostilidad del mundo, y la fuente de gran parte de su tensión serán las dinámicas políticas de naciones impías que se volverán contra ella en un mundo cada vez más hostil a la religión. Además, el islamismo seguirá odiándola y seguirá insistiendo en tomar el control del mundo y unificarlo en torno al falso dios Alá, e Israel será cada vez más despreciada.

## LA RESPUESTA CRISTIANA

Por tanto, ¿qué debemos hacer los cristianos ante esta crisis en el Medio Oriente? Todo esto parece no tener remedio. El conflicto es humanamente imposible de resolver. Pero no olvides que Dios es el responsable definitivo de la historia, y tiene grandes planes para el Medio Oriente.

**Ora por la paz en Jerusalén**

Esto es lo que nos ordena la Palabra de Dios en Salmos 122.6:

*Pedid por la paz de Jerusalén;*
*Sean prosperados los que te aman.*

Pero si echas un vistazo a este salmo, encontrarás que dice mucho más:

*Yo me alegré con los que me decían:*
*A la casa de Jehová iremos.*
*Nuestros pies estuvieron*
*Dentro de tus puertas, oh Jerusalén.*
*Jerusalén, que se ha edificado*
*Como una ciudad que está bien unida entre sí.* (Salmos 122.1-3)

Realmente creo que el cristiano que viaja a Jerusalén y cruza sus puertas desarrolla un gran amor por los judíos y por Israel. Es un apoyo a los judíos y a Israel, que están cada vez más solos en este mundo. «Sea la paz dentro de tus muros» (Salmos 122.7); «Por amor a la casa de Jehová nuestro Dios buscaré tu bien» (Salmos 122.9). Los cristianos debemos orar por Israel, buscar su bien y estar agradecidos por el legado común que compartimos.

**Ama a Cristo y sigue sus enseñanzas**

La función del cristiano es amar a Cristo y seguir sus enseñanzas. El gran mandamiento de Jesús es claro en este sentido: «Amarás al Señor tu Dios con todo tu corazón, y con toda tu alma, y con toda tu mente. Este es el primero y grande mandamiento. Y el segundo es semejante: Amarás a tu prójimo como a ti mismo» (Mateo 22.37-39). Romanos 12.18 dice: «Si es posible, en cuanto dependa de vosotros, estad en paz con todos los hombres». Debemos amar a los judíos y apoyar a Israel; la Palabra de Dios nos lo ordena. Pero también debemos amar a los árabes musulmanes. Cristo vino para ser el Salvador del mundo, de judíos, árabes, israelíes y musulmanes. Vino para morir por los pecados de toda la humanidad. Esto implica orar para que los judíos en Israel y los árabes musulmanes se vuelvan a Cristo con fe arrepentida para que lo que tienen en sus corazones se transforme de odio en amor, de venganza en perdón. El poder que tiene el evangelio de Jesús para transformar la vida es la única manera de hacerlo. Los cristianos debemos buscar dar testimonio bueno y amoroso de Cristo a los judíos, los árabes y a toda la humanidad.

## Ora por el regreso de Cristo

Orar por la paz de Jerusalén significa principalmente rogar por el regreso de Jesús. Tanto en el judaísmo como en el islamismo resuena muy fuerte la enseñanza de «ojo por ojo», pero no está tan presente la enseñanza sobre el perdón de los enemigos y el amor hacia ellos. Sin embargo, esta enseñanza es central al verdadero cristianismo y a Jesús, que dijo: «Oísteis que fue dicho: AMARÁS A TU PRÓJIMO, y aborrecerás a tu enemigo. Pero yo os digo: Amad a vuestros enemigos ... y orad por los que ... os persiguen» (Mateo 5.43-44).

La tensión y la hostilidad en Medio Oriente continuará —entre judíos y árabes, entre judíos y musulmanes, entre Israel y las naciones musulmanas, entre musulmanes y musulmanes— hasta que Jesús regrese para reinar sobre toda la tierra desde su trono en Jerusalén. Solo en ese momento habrá verdadera paz y justicia perfecta en Medio Oriente y en todo el mundo.

«Ciudad de Jerusalén», cortesía de Paul y Donna Hearn

Sin embargo, en medio de todo esto, cuanto más amemos a Dios, más amaremos a su pueblo especial. Mi amor por el pueblo judío crece cada vez que voy a Jerusalén y, desde el jardín de Getsemaní, miro hacia la Puerta Oriental del muro de Jerusalén que está sellada.

Ansío el día en que Jesús regrese y se afirme en el monte de los Olivos (Zacarías 14.4). Luego bajará la montaña en dirección a Jerusalén. En la base del monte de los Olivos se encuentra el jardín de Getsemaní; probablemente Jesús se dirija allí. Quizá se detenga por un momento y recuerde la larga noche de agonía que pasó allí, cuando en sus oraciones pidió fuerzas para cumplir la voluntad de su Padre. Qué agónica noche pasó Jesús antes de su crucifixión. Me pregunto si reflexionará por un momento y llegará a esta conclusión: «*El precio que pagué para salvar las almas de millones, valió la pena. Ahora ha llegado el día que el mundo espera hace mucho, mucho tiempo. He llegado*». Luego, lo imagino subiendo al monte Moriah y atravesando la Puerta Oriental para entrar en Jerusalén y comenzar a reinar con perfecta paz y justicia sobre un mundo pío y agradecido. ¡Ah, ven, Señor Jesús!

La perspectiva cristiana en cuanto a Medio Oriente está llena de esperanza. Una esperanza que proviene de la confiabilidad de la Palabra de Dios. Una esperanza que nos recuerda que Dios es quien controla todo y que, un día, la joya de Medio Oriente, Jerusalén, será realmente el centro del mundo desde donde Cristo reinará en la tierra, tal como ahora reina en el cielo.

# Algunas conclusiones
## Tres preguntas urgentes

C uando las personas conocen los hechos relacionados con las raíces bíblicas del conflicto en el Medio Oriente, me encuentro con que suele haber dos o tres cuestiones fundamentales que calan hondo en su corazón. Estas parecen ser las preguntas más comunes:

## PREGUNTA NÚMERO 1: ¿TIENE DIOS FAVORITISMOS?

El interrogatorio suele comenzar con: «¿Tiene Dios favoritismos?» A la luz de todas las enseñanzas bíblicas que hemos analizado, la respuesta es obvia. ¡Por supuesto que sí!

Entre todas las personas en el mundo, Dios eligió a Abraham. En lo que respecta al cumplimiento de su promesa del pacto, eligió a Isaac y no a Ismael. Cuando aún no habían nacido los hijos gemelos de Isaac, Dios prefirió a Jacob antes que a Esaú para que fuera el heredero del compromiso del pacto que había hecho con Abraham.

Dios eligió a Israel antes que a Egipto, Asiria, Babilonia, Persia, Grecia, Roma, Estados Unidos y todos los demás reinos de la tierra como su pueblo especialmente elegido.

La Palabra de Dios menciona esto cuando Dios hace una de las afirmaciones más perturbadoras de la Biblia: «Como está escrito: A Jacob amé, mas a Esaú aborrecí» (Romanos 9.13). En su palabra, no hay otra afirmación de Dios que parezca más injusta que esta a primera vista. Si pensamos en la personalidad original de Jacob, un mentiroso y artero niñito de mamá, es una declaración especialmente difícil de digerir, sobre todo si lo comparamos con el carácter de su hermano, amante de la naturaleza. Sin embargo, nos sentimos muy perturbados por la injusticia de Dios que creemos ver en esa afirmación, citada por el apóstol Pablo del profeta del Antiguo Testamento Malaquías. Este pasaje del Antiguo Testamento es aun más difícil de digerir. Se trata del oráculo de la Palabra de Dios a Israel a través de Malaquías:

> Yo os he amado, dice Jehová; y dijisteis: ¿En qué nos amaste? ¿No era Esaú hermano de Jacob?, dice Jehová. Y amé a Jacob, y a Esaú aborrecí, y convertí sus montes en desolación, y abandoné su heredad para los chacales del desierto. Cuando Edom dijere: Nos hemos empobrecido, pero volveremos a edificar lo arruinado; así ha dicho Jehová de los ejércitos: Ellos edificarán, y yo destruiré; y les llamarán territorio de impiedad, y pueblo contra el cual Jehová está indignado para siempre. Y vuestros ojos lo verán, y diréis: Sea Jehová engrandecido más allá de los límites de Israel. (Malaquías 1.2-5)

Aquí Dios no solo muestra que prefiere a Jacob antes que a Esaú, sino que extiende su condena a los herederos de Esaú, los edomitas. Describe a Esaú y los edomitas como típicos hombres autosuficientes que tienen la admirable cualidad de levantarse cuando han caído. Cualquier entrenador deportivo amaría semejante cualidad en los miembros de su equipo. A la mayoría de los estadounidenses les encanta cuando alguien que ha caído derrotado (ya sea por su propia culpa o la de otros), vuelve a levantarse. Sin embargo, el espíritu de autosuficiencia de Edom implica dejar afuera a Dios. Dios es claro: usará a Esaú y a los edomitas como típicos ejemplos de que «todos son buenos en algo, aunque no sea más que para servir de mal ejemplo».[1] La Biblia no deja lugar a dudas: Dios tiene favoritismos.

## PREGUNTA NÚMERO 2: ¿ES DIOS INJUSTO?

Si Dios tiene favoritismos, ¿significa que es injusto? La Biblia es enfática en cuanto a que la respuesta es un no rotundo. La explicación de esta desconcertante respuesta en la Palabra de Dios comienza en el mismo texto bíblico en el que encontramos la respuesta a la primera pregunta. Después de Romanos 9.13, encontramos una pregunta y una respuesta relacionadas con la justicia de Dios. «¿Qué, pues, diremos? ¿Que hay injusticia en Dios? En ninguna manera» (Romanos 9.14). La Palabra de Dios responde enfáticamente: ¡No! Dios no es injusto. Luego, su palabra explica por qué.

> Pues a Moisés dice: TENDRÉ MISERICORDIA DEL QUE YO TENGA MISERI-
> CORDIA, Y ME COMPADECERÉ DEL QUE YO ME COMPADEZCA. Así que no
> depende del que quiere, ni del que corre, sino de Dios que tiene mise-
> ricordia. Porque la Escritura dice a Faraón: PARA ESTO MISMO TE HE
> LEVANTADO, PARA MOSTRAR EN TI MI PODER, Y PARA QUE MI NOMBRE SEA
> ANUNCIADO POR TODA LA TIERRA. De manera que de quien quiere, tiene
> misericordia, y al que quiere endurecer, endurece. (Romanos 9.15-18)

Como Él es Dios, puede decidir tener misericordia con quien quiera tenerla. A quién elija Dios no tiene nada que ver con la humanidad. Dicho de otro modo, nadie es lo suficientemente bueno como para ganarse el favor de Dios. «Por cuanto todos pecaron, y están destituidos de la gloria de Dios» o del plan perfecto de Dios para nuestras vidas (Romanos 3.23).

Es cierto que lo que la Biblia dice sobre Faraón parece determinismo. Lo hace parecer como si las personas no tuvieran elección, cosa con la que algunos calvinistas acérrimos probablemente estarían de acuerdo. Pero Dios es justo y puede hacer lo que quiera con su creación para cumplir su propósito de hacer realidad su plan y su voluntad en la historia.

Sin embargo, Dios es paciente con todos los hombres esclavizados por el pecado. Piensa en cuánto lo fue con el inconmovible Faraón. Le envió nueve plagas para que cambiara de opinión y liberara al pueblo de Dios. No fue sino hasta la décima plaga que Dios ejecutó su juicio de muerte en los hogares de los egipcios y del propio Faraón.

¿Significa eso que Faraón no tuvo alternativa? No creo que sea ese el caso. Eso es determinismo (es decir, que Dios determina todas las decisiones que tomamos), lo que no es en absoluto lo mismo que la presciencia —el conocimiento anticipado— de Dios. La Palabra de Dios enseña sobre la presciencia, no sobre determinismo. Como Dios lo sabe todo, sabe exactamente cómo responderemos en cada situación. Sabía que el corazón de Faraón se endurecería más y más con cada una de las plagas. De modo que, si bien es cierto que endureció el corazón de Faraón, este siempre tuvo libre albedrío para arrepentirse o para endurecerse aun más.

Al mismo tiempo, Dios puede tener misericordia de quien quiera. La misericordia es algo que no merecemos. Abraham, Isaac, Jacob y la nación de Israel recibieron esa gracia al ser elegidos. Todos los que hayamos aceptado a Cristo recibiremos en el futuro la gracia y la misericordia de Dios, aun cuando no hayamos hecho nada para merecerlas. Solo recibimos el favor de Dios inmerecidamente.

Entonces, ¿es injusto que Dios haya elegido a Jacob antes que a Esaú? De ningún modo. Ninguno de los dos merecía ser elegido, mucho menos Jacob. Es más, ninguno de nosotros lo merece.

Sin embargo, Dios sabe también que muchas de las personas a las que ama, como Ismael y Esaú, seguirán dejándolo fuera de sus vidas. Dios sabe que muchos, como los herederos de estos, culparán de sus problemas al Dios de Abraham, Isaac y Jacob y despreciarán e incluso llegarán a odiar a los que Dios ha elegido tener misericordia con ellos. Él sabe que siempre habrá desprecio y resentimiento hacia todos nosotros, los gentiles, a quienes Dios nos eligió para que seamos sus hijos al recibir en la fe el evangelio de Jesucristo.

# Pregunta número 3: Entonces, ¿es culpable Dios del conflicto en Medio Oriente?

Llegamos al último interrogante. ¿Es culpa de Dios el conflicto en Medio Oriente? No, es culpa del hombre. El origen del conflicto en el Medio Oriente se remonta al pecado de un hombre: Abraham. Sin embargo, el permanente conflicto en esa región continúa porque de la simiente de Abraham vino la semilla del conflicto, y en nuestros días muchos siguen negándose a recibir lo que Dios nos ofrece a todos: Su maravillosa gracia. Esto es algo que les ofrece a los herederos de Isaac e Ismael, Esaú y Jacob. Es algo que le ofrece a toda la humanidad. Aquellos que rechazan la gracia de Dios o, peor aún, que se niegan a creer que necesitan su gracia, sentirán una arrogancia y un resentimiento hacia Dios que los hará gritar: «¡No es justo!» La consecuencia natural de esa mentalidad es la ira, la amargura, el resentimiento, el odio, el asesinato, la venganza, la guerra y una maldad sin fin. Eso es lo que sucedió con el conflicto en el Medio Oriente y continúa ocurriendo en nuestros días.

La verdadera esperanza se encuentra en la gracia que Dios nos ofrece por medio de su Hijo, Jesucristo. Es una esperanza al alcance de todos: judíos, árabes y gentiles. La Palabra de Dios lo deja completamente en claro en el siguiente capítulo de Romanos. Romanos 10.13 afirma: «Porque todo aquel que invocare el nombre del Señor, será salvo». Todo aquel nos incluye a todos. Es la máxima expresión de justicia. Dios nos ofrece su gracia a todos.

Si eres uno de «todos aquellos» que necesitan invocar el nombre de Dios para ser salvados, espero que lo hagas.

Todos los que reciben su gracia inician una transformación que convierte los corazones llenos de amargura y venganza en corazones llenos de gracia, que perdonan a quienes mataron a sus hermanos y aman a sus enemigos. El conflicto terminará —de una vez y para siempre— para quienes hagan esto en Medio Oriente. Las semillas del conflicto se transformarán en semillas de amor, perdón y paz. Sin embargo, como la mayoría no lo hará, el ciclo de odio y violencia no terminará hasta que el Príncipe de la paz invada la historia en persona una vez más.

# CRONOLOGÍA

|————————— Antiguo Imperio Egipcio —————————————————————————|

A.C. 3100                    2100    1900  1800  1700    1500        1250  1200
                                        └— José —┘

                                └— Abraham, ——┘              └— Moisés —┘
                                   Isaac y Jacob

                                        Josué guía a los hijos de Israel en su
                                        reclamo de la tierra prometida

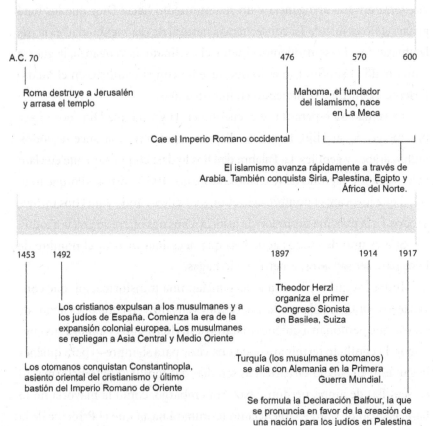

A.C. 70                                          476          570        600

Roma destruye a Jerusalén                        Mahoma, el fundador
y arrasa el templo                               del islamismo, nace
                                                 en La Meca

            Cae el Imperio Romano occidental     └————————————————┘

                    El islamismo avanza rápidamente a través de
                    Arabia. También conquista Siria, Palestina, Egipto y
                                                 África del Norte.

1453    1492                                     1897        1914    1917

                                                 Theodor Herzl
                                                 organiza el primer
            Los cristianos expulsan a los musulmanes y a    Congreso Sionista
            los judíos de España. Comienza la era de la     en Basilea, Suiza
            expansión colonial europea. Los musulmanes
            se repliegan a Asia Central y Medio Oriente

                                                 Turquía (los musulmanes otomanos)
                                                 se alía con Alemania en la Primera
Los otomanos conquistan Constantinopla,                      Guerra Mundial.
asiento oriental del cristianismo y último
bastión del Imperio Romano de Oriente            Se formula la Declaración Balfour, la que
                                                 se pronuncia en favor de la creación de
                                                 una nación para los judíos en Palestina

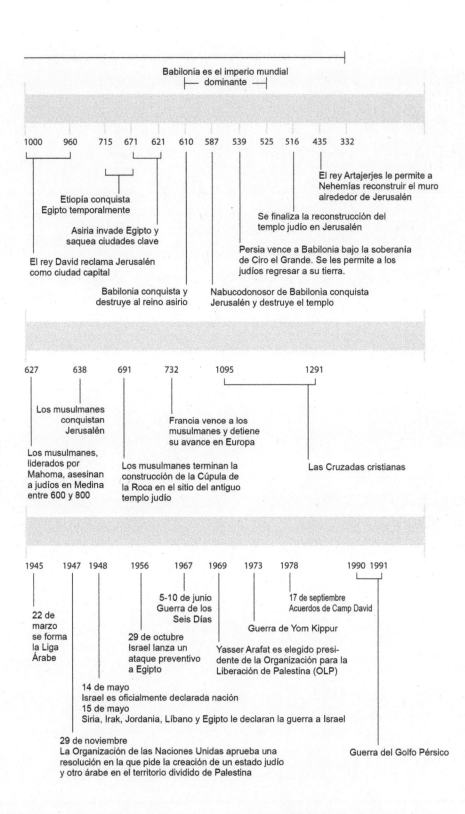

Babilonia es el imperio mundial
├── dominante ──┤

| 1000 | 960 | 715 | 671 | 621 | 610 | 587 | 539 | 525 | 516 | 435 | 332 |

El rey Artajerjes le permite a
Nehemías reconstruir el muro
alrededor de Jerusalén

Etiopía conquista
Egipto temporalmente

Se finaliza la reconstrucción del
templo judío en Jerusalén

Asiria invade Egipto y
saquea ciudades clave

Persia vence a Babilonia bajo la soberanía
de Ciro el Grande. Se les permite a los
judíos regresar a su tierra.

El rey David reclama Jerusalén
como ciudad capital

Babilonia conquista y
destruye al reino asirio

Nabucodonosor de Babilonia conquista
Jerusalén y destruye el templo

| 627 | 638 | 691 | 732 | 1095 | 1291 |

Los musulmanes
conquistan
Jerusalén

Francia vence a los
musulmanes y detiene
su avance en Europa

Los musulmanes,
liderados por
Mahoma, asesinan
a judíos en Medina
entre 600 y 800

Los musulmanes terminan la
construcción de la Cúpula de
la Roca en el sitio del antiguo
templo judío

Las Cruzadas cristianas

| 1945 | 1947 | 1948 | 1956 | 1967 | 1969 | 1973 | 1978 | 1990 | 1991 |

5-10 de junio
Guerra de los
Seis Días

17 de septiembre
Acuerdos de Camp David

22 de
marzo
se forma
la Liga
Árabe

Guerra de Yom Kippur

29 de octubre
Israel lanza un
ataque preventivo
a Egipto

Yasser Arafat es elegido presidente de la Organización para la
Liberación de Palestina (OLP)

14 de mayo
Israel es oficialmente declarada nación
15 de mayo
Siria, Irak, Jordania, Líbano y Egipto le declaran la guerra a Israel

29 de noviembre
La Organización de las Naciones Unidas aprueba una
resolución en la que pide la creación de un estado judío
y otro árabe en el territorio dividido de Palestina

Guerra del Golfo Pérsico

# GLOSARIO

**Abed-nego:** nombre babilónico de Azarías, líder judío de Babilonia a quien Dios salvó del horno de fuego ardiendo junto con Sadrac y Mesac.

**Abel:** el segundo hijo de Adán y Eva, que murió asesinado por su hermano, Caín.

**Abraham:** hombre al que Dios llamó a heredar la tierra prometida de Canaán y al que le prometió que sería el padre de una gran nación. Fue padre de Ismael con la sierva de su esposa, Agar, y padre de Isaac, el hijo del pacto, con su esposa, Sara. Se lo considera el padre del judaísmo, el cristianismo y el islamismo.

**Abram:** nombre original de Abraham antes de que Dios se lo cambiara.

**Acuerdos de Camp David:** acuerdos de paz firmados por el presidente egipcio Anwar El Sadat y el primer ministro israelí Menachem Begin el 17 de septiembre de 1978. Estos acuerdos fueron el punto de partida del Tratado de Paz entre Israel y Egipto de 1979.

**Agar:** criada egipcia de Sara y madre de Ismael.

**Ahmadinejad, Mahmoud:** sexto y actual (2010) presidente de Irán. Líder controvertido con un odio manifiesto hacia Israel.

**Alá:** nombre árabe de Dios, si bien las características de este mencionadas en el Corán difieren de las del verdadero Dios de la Biblia.

**Altos del Golán:** tierra ubicada junto a la frontera siria e israelí que está en disputa entre las dos naciones.

**Amán**: primer ministro del rey persa Asuero que ideó un complot para exterminar a los judíos.

**Amonitas**: uno de los pueblos que habitó la tierra prometida a los herederos de Abraham.

**Árabes beduinos**: miembros de una tribu árabe nómada.

**Árabes**: descendientes de Ismael, los que en su mayoría que asentaron en la península Arábiga.

**Arabia Saudita**: monarquía que ocupa la mayor parte de la península Arábiga, limitada al norte por Jordania, Irak y Kuwait; al este por el Golfo Pérsico, Qatar y los Emiratos Árabes Unidos; al este y al sur por Omán; al sur por Yemen y al oeste por el Mar Rojo y el golfo de Aqaba. Su capital y mayor ciudad es Riad.[1]

**Arafat, Yasser**: (1929-2004) en 1969 se convirtió en líder de la Organización para la Liberación de Palestina (OLP). En 1996 fue elegido primer presidente de la Autoridad Palestina, el gobierno autónomo recientemente formado en Palestina. En 1994, compartió el Premio Nobel de la Paz.[2]

**Artajerjes**: rey persa que autorizó a Nehemías a reconstruir el muro que rodea Jerusalén alrededor de 435 A.C.

**Asiria**: nación situada en el norte de la Mesopotamia en la época del Antiguo Testamento. Se convirtió en un gran imperio durante el período de los reyes israelitas. La expansión asiria en la región de Palestina (alrededor de 855-625 A.C.) tuvo un gran impacto en los reinos hebreos de Israel y Judá.[3]

**Asuero**: nombre hebreo del rey Jerjes.

**Barrio árabe**: uno de los cuatro barrios de la antigua ciudad amurallada de Jerusalén.

**Barrio judío**: la antigua ciudad [de Jerusalén] está dividida en cuatro barrios, llamados según los antecedentes étnicos de sus pobladores. Las líneas divisorias son la calle que se extiende desde la Puerta de Damasco hasta la Puerta de Sion, que divide la ciudad en este-oeste, y la calle que va desde la Puerta de Jaffa hasta la Puerta de los Leones, la que divide la ciudad en norte-sur. Si se entra por la Puerta de Jaffa y se avanza hasta la calle David, el barrio cristiano se encuentra a la izquierda; si se sigue por la calle David, el barrio armenio se encuentra a la derecha; el barrio musulmán se encuentra a la izquierda de la calle Jews, y el barrio judío se encuentra a la derecha de esta misma calle.[4]

**Belén:** lugar de nacimiento de Jesucristo, situado a alrededor de ocho kilómetros al sudoeste de Jerusalén.

**Belsasar:** antiguo rey babilonio, sucesor del rey Nabucodonosor. Daniel interpretó uno de sus sueños y profetizó que el reino de Belsasar caería ante el Imperio Medopersa.

**Ben-Gurion, David:** primer primer ministro de Israel, crucial para la fundación y el desarrollo de la nación israelí.

**Betuel:** padre de Rebeca, esposa de Isaac.

**Bin Laden, Osama:** líder de la organización terrorista Al Qaeda.

**Cades-barnea:** lugar cuyo nombre significa «consagrado». Fue el sitio donde los hebreos pasaron la mayor parte de los treinta y ocho años posteriores a abandonar el monte Sinaí, antes de entrar a la tierra prometida.[5]

**Cadmoneos:** uno de los pueblos que habitó la tierra prometida a los herederos de Abraham.

**Caín:** primer hijo de Adán y Eva. Asesinó a su hermano, Abel.

**Canaán:** la tierra que Dios le prometió a los herederos de Abraham.

**Cananeos:** uno de los pueblos que habitaron la tierra prometida a los herederos de Abraham.

**Ceneos:** uno de los pueblos que habitó la tierra prometida a los herederos de Abraham.

**Cenezeos:** uno de los pueblos que habitó la tierra prometida a los herederos de Abraham.

**Ciro el Grande:** líder de Persia que venció a Babilonia en 539 a.c. Permitió que los judíos regresaran a su tierra e inició la reconstrucción del templo.

**Cisjordania:** territorio del sudoeste de Asia, al oeste del río Jordán, en disputa entre Israel y Jordania. Formó parte de Jordania a partir de 1949. En la Guerra Árabe-Israelí de 1967 fue ocupado por Israel. En

1994 se firmó un acuerdo entre Israel y la OLP que les dio a los palestinos una autonomía limitada y que exigió el retiro controlado de las tropas israelíes de Cisjordania.[6]

**Constantinopla:** uno de los dos centros más importante de los comienzos de la Iglesia cristiana; actualmente, Estambul.

**Corán:** libro sagrado del islamismo.

**Cúpula de la Roca:** santuario islámico ubicado en el Monte del Templo en Jerusalén, en el sitio donde estuvo el segundo templo judío. Según la leyenda, es el lugar donde Mahoma ascendió al cielo.

**Cus:** en su mayor parte, la actual Etiopía.

**Chiítas:** una de las dos grandes divisiones del islamismo que considera que Alí, el yerno de Mahoma, y sus descendientes, son los sucesores legítimos de Mahoma y que rechaza a los primeros tres califas que lo sucedieron.[7]

**Churchill, Winston:** político británico que se desempeñó como primer ministro durante dos períodos, el más notable de los cuales fue durante la Segunda Guerra Mundial. Siendo un joven ministro de guerra, encabezó el proceso de división del territorio de Medio Oriente después de la Primera Guerra Mundial.

**Daniel:** profeta judío que alcanzó una importante posición de liderazgo en los imperios Babilónico y Medopersa. Cuando lo arrojaron al foso de los leones, fue protegido por Dios.

**Darío el Grande:** líder persa que ordenó que se continuara la reconstrucción del templo judío, el que se terminó durante su reinado, en 516 A.C.

**David:** segundo rey de Israel, sucesor de Saúl y antecesor de Salomón. Fue el primer rey que unió a Israel y Judá y el primero en recibir la promesa de un mesías real en su linaje. Descrito como el rey ideal del pueblo de Dios, imperó alrededor de 1005-965 A.C.[8]

**Edomitas:** herederos de Esaú, los que en su mayoría se asentaron en la actual Jordania.

**Efrón:** el hitita a quien Abraham compró la tierra donde enterraría a Sara, operación que fue la primera compra de un terreno en la tierra prometida.

**Egipto:** una de las cuatro naciones árabes que rodean a Israel y hogar de una antigua civilización que se extendió entre 3100-332 A.C.

**Esaú:** primogénito de Isaac y Rebeca, hermano gemelo mayor de Jacob.

**Ester:** mujer judía elegida por el rey Asuero para ser su reina. Arriesgó su vida para revelar el complot de Amán para destruir a los judíos.

**Ferezeos:** uno de los pueblos que habitó la tierra prometida a los herederos de Abraham.

**Filisteos:** persistentes enemigos de los israelitas que habitaron sobre todo lo que hoy es la Franja de Gaza.

**Franja de Gaza:** franja de tierra entre el mar Mediterráneo e Israel. Fue el antiguo hogar de los filisteos y actualmente se encuentra bajo control palestino.

**Gaddafi, Muammar:** líder político libio que tomó el poder tras un golpe militar contra la monarquía libia (1969) e impuso en el país políticas socialistas y la ortodoxia islámica.[9]

**Gergeseos:** uno de los pueblos que habitaron la tierra prometida a los herederos de Abraham.

**Golfo de Aqaba:** brazo del Mar Rojo entre la península del Sinaí y el noroeste de Arabia Saudita.[10]

**Guerra del Golfo Pérsico:** guerra entre las fuerzas de la Organización de las Naciones Unidas, lideradas por Estados Unidos, y las de Irak. Tuvo lugar después de la invasión del dictador iraquí Saddam Hussein a Kuwait en agosto de 1990. Las fuerzas de la ONU, llamadas la coalición, expulsaron a las tropas iraquíes de Kuwait en marzo de 1991.[11]

**Harán:** antigua ciudad de la Mesopotamia ubicada en el actual sudeste de Turquía, hogar de Labán —pariente de Abraham— y sitio donde se casó Jacob.

**Havila:** región geográfica situada en alguna parte al norte o noreste de Arabia. Tal vez fuera la extensión arenosa que bordeaba toda la frontera occidental de Babilonia, desde la parte baja del Éufrates hasta las montañas de Edom.[12]

**Hebrón:** ciudad en el territorio montañoso de Judá, a unos treinta kilómetros al sur de Jerusalén. Abraham compró allí una parcela para enterrar a Sara, y también fue enterrado allí junto con Isaac, Rebeca, Jacob y Lea.[13]

**Herodes**: rey de Judea que respondía a la autoridad romana cuando nació Jesús en Belén (Mateo 2.1). Fue quien recibió a los reyes magos y los envió hacia el niño Jesús con órdenes de que regresaran a él para decirle dónde podía encontrar al recién nacido «rey de los judíos». Ordenó matar a todos los bebés de Belén menores de dos años, con la esperanza de matar también a este, a quien veía como el sucesor a su trono.[14]

**Herzl, Theodor**: austríaco nacido en Hungría fundador del sionismo. Siendo corresponsal durante el caso Alfred Dreyfus, llegó a la conclusión de que la única solución al antisemitismo era el establecimiento de un estado nacional judío. Fundó el Congreso Mundial Sionista en 1897.[15]

**Hijas de Het**: pueblo pagano que residió en Canaán durante la época de los patriarcas.

**Hititas y heveos**: también conocidos como los «hijos de Het», habitaron la tierra prometida a los herederos de Abraham. Se trata de minorías no semitas en la población de Canaán que frecuentemente participaban en los asuntos de los israelitas.[16]

**Hussein, Saddam**: presidente de Irak de 1979 a 2003. Gobernante durante la Guerra del Golfo Pérsico de 1991.

**Imperio Medopersa**: imperio dominante en el mundo después de Babilonia.

**Imperio Otomano**: imperio desarrollado por los turcos entre los siglos XIV y XX, sucedido en los años veinte por la actual República de Turquía. En su momento de mayor esplendor, el Imperio Otomano incluyó grandes extensiones de Medio Oriente y del sudeste de Europa, además del actual territorio de Turquía.[17]

**Irak**: nación islámica que limita con Irán, Siria, Turquía, Jordania, Arabia Saudita y Kuwait y que ocupa gran parte del territorio de la antigua Babilonia.

**Irán**: nación islámica del Cercano Oriente, conocida en el mundo antiguo como Persia.

**Isaac:** hijo del pacto de Abraham y Sara. Se casó con Rebeca y fue el padre de Jacob y Esaú.

**Isaías:** antiguo profeta judío que transmitió profecías relacionadas con Ciro el Grande.

**Ismael:** primer hijo de Abraham, cuya madre fue la criada de Sara, Agar.

**Israel:** significa «Dios lucha» o «el que lucha con Dios». Es el nombre que Dios le dio a Jacob. En la actualidad, estado y nación oficial del pueblo judío.

**Jacob:** ancestro original de la nación de Israel. Padre de los doce ancestros de las doce tribus de Israel e hijo de Isaac y Rebeca, hermano gemelo menor de Esaú y esposo de Lea y Raquel. Dios cambió su nombre por Israel.[18]

**Jebuseos:** habitantes de la tierra que rodeaba a Jerusalén y que David conquistó en 1004 a.c.

**Jerusalén:** ciudad capital de Israel que el rey David conquistó y reclamó en 1004 a.c. En la actualidad, se la considera una ciudad sagrada para los judíos, musulmanes y cristianos y sigue siendo un territorio muy disputado.

**Jomeini, ayatolá:** (1900-1989) supremo líder religioso de la comunidad musulmana chiíta de Irán. El 11 de febrero de 1979 sus fuerzas revolucionarias tomaron el poder en Irán, y se convirtió en el líder de la República Islámica de Irán.[19]

**Jonás:** antiguo profeta judío a quien Dios envió a predicar a los asirios de Nínive.

**Jordania:** país árabe del sudoeste de Asia en el noroeste de Arabia. Habitada desde épocas bíblicas, esta región fue conquistada por los romanos (siglo primero de nuestra era), los árabes (siglo vii) y los turcos otomanos, que la controlaron desde 1516 hasta la Primera Guerra Mundial. En 1920, el país, renombrado Transjordania, se convirtió en parte del Mandato Británico de Palestina. Adquirió independencia en 1946. En 1949 su nombre cambió a Jordania tras anexar Cisjordania, a la que renunció en 1974.[20]

**José:** uno de los hijos de Israel. El undécimo de doce hermanos y el primer hijo de Jacob con su esposa preferida, Raquel.[21]

**Josué:** sucesor de Moisés como líder de la antigua Israel; sexto libro de la Biblia.

**Judaísmo:** religión de los israelitas de la Biblia y los actuales judíos, basada en las enseñanzas de la Tora. Implica la creencia en un Dios, cuyo pueblo elegido son los judíos. Se considera que Abraham fue el fundador del judaísmo, si bien Moisés, quien entregó las leyes de Dios a los israelitas, también es una figura importante.[22]

**Kan, Gengis:** general y emperador mongol de finales del siglo XII y principios del siglo XIII, conocido por su liderazgo militar y su gran crueldad. Conquistó vastas porciones del norte de China y el sudoeste de Asia.[23]

**La Meca:** ciudad en el oeste de Arabia Saudita, cerca de la costa del Mar Rojo. Lugar de nacimiento de Mahoma, considerada la ciudad más sagrada para el islamismo y lugar de peregrinaje para todos los creyentes devotos de esa fe.[24]

**Labán:** hermano de Rebeca y padre de Lea y Raquel (Génesis 29.16).[25]

**Lea:** hija mayor de Labán; primera esposa de Jacob.

**Líbano:** nación árabe en el extremo este del mar Mediterráneo, en la frontera norte de Israel.

**Liga Árabe:** organización de naciones árabehablantes integrada por Arabia Saudita, Argelia, Bahréin, Comoros, Djibouti, Egipto, Emiratos Árabes Unidos, Irak, Jordania, Kuwait, Líbano, Libia, Marruecos, Mauritania, Omán, Palestina, Qatar, Siria, Somalia, Sudán, Túnez, Yemen y Yibuti. Se estableció el 22 de marzo de 1945 con el objetivo de promover la cooperación cultural económica, militar, política y social.

**Lot:** sobrino de Abraham.

**Lutero, Martín:** monje católico que objetó la corrupción en la Iglesia y propuso la Reforma.

**Mahoma:** fundador del islamismo en el siglo VII A.D.

**Mao Zedong:** líder revolucionario chino del siglo XX. En 1949, el ejército bajo su mando tomó el poder en el país y estableció la República Popular de China. Luego de ese suceso, Mao se mantuvo como líder del Partido Comunista chino y como presidente del país.[26]

**Mardoqueo:** primo de Ester y cerebro detrás de su ascenso al poder y posterior victoria sobre el malvado Amán.[27]

**Marduk:** dios persa del zoroastrismo.

**Marxismo:** doctrinas de Carlos Marx y su colega Federico Engels sobre economía, política y sociedad que incluyen la noción de determinismo económico, según la cual las estructuras políticas y sociales están determinadas por las condiciones económicas de los pueblos. El marxismo propone una sociedad sin clases en la que todos los medios de producción son propiedad común (comunismo), sistema al que se llegará como resultado inevitable de la lucha entre los líderes del capitalismo y los trabajadores.[28]

**Medina:** ciudad en el oeste de Arabia Saudita, al norte de La Meca. La Mezquita del Profeta, sitio sagrado para los peregrinos musulmanes donde se encuentra la tumba de Mahoma, está en esta ciudad.[29]

**Medio Oriente:** países del sudoeste de Asia y el noreste de África ubicados al oeste de Afganistán, Pakistán y la India. Según esta definición, incluye Chipre, la parte asiática de Turquía, Siria, Líbano, Israel, Cisjordania y Gaza, Jordania, Irak, Irán, los países de la península Arábiga (Arabia Saudita, Yemen, Omán, Emiratos Árabes Unidos, Qatar, Bahréin y Kuwait), Egipto y Libia.[30]

**Mesac:** nombre babilonio de Misael. Líder judío de Babilonia que sobrevivió al horno de fuego ardiendo.

**Moisés:** líder de los israelitas en su éxodo desde la esclavitud y la opresión en Egipto y durante su travesía por el desierto —llena de amenazas en la forma de hambre, sed y enemigos impredecibles— hasta llegar a su audiencia con Dios en el monte Sinaí u Horeb, donde el pacto que unía a Israel y Dios en un tratado especial se hizo realidad.[31]

**Monte del Templo:** planicie elevada en la antigua ciudad de Jerusalén, sagrado para judíos, musulmanes y cristianos. Originalmente fue el sitio del gran templo de Jerusalén, el sitio más sagrado para el judaísmo. Para los musulmanes, es el lugar donde el profeta Mahoma inició su ascenso al cielo, el que se describe en el Corán. Los cristianos lo consideran un lugar frecuentado por Jesús, y hay quienes consideran que desempeñará un papel muy importante en los acontecimientos relacionados con el final de los tiempos.[32]

**Monte Moriah:** (también conocido como Monte del Templo) lugar donde Abraham estuvo dispuesto a sacrificar a Isaac. También es el sitio en Jerusalén donde Salomón construyó el templo judío original y donde ahora se encuentra la Cúpula de la Roca.

**Musulmanes:** seguidores de Alá por medio de la religión del islamismo.

**Nabucodonosor:** rey de Babilonia que arrasó Jerusalén en 587 a.c.

**Nasser, Abdul:** oficial del ejército egipcio y político que se desempeñó como primer ministro (1954-1956) y presidente (1956-1958) de Egipto y como presidente de la República Árabe Unida (1958-1970). Su nacionalización del canal de Suez precipitó una crisis internacional (1956).[33]

**Nazismo:** ideología y práctica de los nazis, especialmente la política de nacionalismo racista, expansión nacional y control estatal de la economía.[34]

**Nínive:** antigua capital de Asiria.

**OLP:** Organización para la Liberación de Palestina.

**Pablo:** destacado misionero y escritor de los comienzos de la Iglesia. El apóstol Pablo y su teología son importantes en el Nuevo Testamento, no únicamente debido a las trece epístolas que llevan su nombre sino también por la extensa información biográfica mencionada en el libro Hechos de los apóstoles. Sobre la base de estas dos fuentes, podemos darnos una idea razonable de una de las personalidades más importantes de los inicios del cristianismo.[35]

**Padan-aram:** tierra desde la cual Abraham emprendió su viaje hacia Canaán. Una de las principales ciudades de este territorio era Harán.[36]

**Palestina:** del latín «filisteo»; nombre dado a los territorios de Judea y Jerusalén después de que los romanos destruyeran esta última ciudad y expulsaran a los judíos.

**Península del Sinaí:** península en el noreste de Egipto, bordeada por el golfo de Aqaba —un brazo del Mar Rojo— al este, y por el golfo de Suez —otro brazo del mismo mar— al oeste.[37]

**Peniel:** sitio donde Jacob luchó con Dios.

**Persia:** antiguo imperio del sudoeste de Asia. Actualmente, la mayor parte de su territorio es Irán, pero el imperio era mucho más grande.

**Pilatos, Poncio:** gobernador romano de Judea, tristemente célebre en la historia por su antisemitismo y recordado en el credo cristiano como el magistrado bajo cuya autoridad «sufrió» Jesucristo.[38]

**Raquel:** segunda hija de Labán y segunda esposa de Jacob.

**Rebeca:** esposa de Isaac y madre de Esaú y Jacob.

**Refaítas:** uno de los pueblos que habitó la tierra prometida a los herederos de Abraham.

**Río el-Kabir:** río ubicado en el actual Líbano que algunos estudiosos de la Biblia consideran el límite norte de la tierra prometida según la descripción en Génesis 15.18.

**Río Éufrates:** río ubicado en la actual Irak que la mayoría de las personas consideran la frontera noreste de la tierra prometida según la descripción en Génesis 15.18.

**Río Tigris:** sitio de la visión más importante del profeta Daniel (Daniel 10.4). Algunas de las ciudades más importantes ubicadas sobre sus márgenes son Nínive —la antigua capital del Imperio Asirio, situada sobre la margen oriental— y Assur, centro religioso y capital original de Asiria, más al sur.[39]

**Roma:** uno de los dos centros más importantes de los comienzos de la Iglesia cristiana. Ciudad Vaticano, sede de la Iglesia Católica Romana, se encuentra en Roma.

**Sadrac:** nombre babilonio de Ananías, líder judío de Babilonia que sobrevivió al horno de fuego ardiendo.

**Salomón:** hijo del rey David y Betsabé; tercer rey de Israel.

**Samaritanos:** medio judíos que se mezclaron con los asirios.

**Sara:** nombre que Dios le dio a Sarai, la esposa de Abram/Abraham.

**Satrapías:** divisiones dentro del vasto antiguo Imperio Persa, similares a naciones.

**Saúl:** primer rey de Israel.

**Shur:** región en la frontera noreste de Egipto, posiblemente llamada así en honor al muro que los egipcios construyeron para proteger su frontera, donde Moisés hizo su primera parada tras cruzar el Mar Rojo

(Éxodo 15.22). Antes de eso, la criada de Sara, Agar, se había dirigido hacia Shur tras su expulsión del clan de Abraham (Génesis 16.7).[40]

**Sionismo:** movimiento judío que surgió a finales del siglo XIX en respuesta al creciente antisemitismo. Su objetivo era restablecer una nación judía en Palestina. El sionismo moderno tiene que ver con el apoyo al estado de Israel y su desarrollo.[41]

**Siquem:** sitio donde Abraham construyó un altar en reconocimiento de que había llegado a la tierra que Dios le había dado.

**Siria:** país en el sudoeste de Asia sobre la costa este del mar Mediterráneo. La antigua Siria incluía al Líbano, la mayor parte de los territorios actuales de Israel y Jordania, y parte de Irak y Arabia Saudita. Establecida alrededor de 2100 A.C. por los amonitas, esta región luego fue conquistada por los hititas, los asirios, los babilonios, los persas, los griegos y los romanos. El islamismo fue introducido aquí por los conquistadores árabes musulmanes en el siglo VII. Damasco es la capital y Alepo la ciudad más grande.[42]

**Stalin, Iósif:** político soviético, sucesor de Lenin, secretario general del Partido Comunista (1922-1953) y líder de la URSS (1941-1953). Su gobierno estuvo marcado por el exilio de Trotsky (1929), una purga en el gobierno y el ejército, la colectivización forzada de la agricultura, una política de industrialización y el desempeño victorioso aunque devastador de los sóviets en la Segunda Guerra Mundial.[43]

**Sunitas:** una de las dos grandes divisiones del islamismo que acepta a los cuatro primeros califas como los legítimos sucesores de Mahoma.[44]

**Tierra Santa:** región mencionada en la Biblia como la tierra prometida de Canaán. Esta zona y muchos sitios en ella tienen importancia religiosa para el judaísmo, el cristianismo y el islamismo.

**Transjordania:** región al este del río Jordán en el sudoeste de Asia. Fue Mandato Británico (1921-23) y emirato (1923-49), y ahora es la zona más importante del reino de Jordania.[45]

**Ur:** ciudad natal de Abraham, la que abandonó para ir a la tierra prometida. Está ubicada en la actual Irak.

**Zoroastrismo:** antigua religión de Persia desarrollada entre 1400 y 1000 A.C. que enseña que hay un Dios sobre todo.

# Guía de estudio y análisis

Esta guía de estudio y análisis se confeccionó para ayudar a los lectores a profundizar en los temas que se presentan en este libro. Ya sea que se las use como guía de estudio personal o para actividades grupales, las sugerencias que se presentan a continuación ayudarán a profundizar la comprensión del material y mejorarán la experiencia de lectura.

- Al leer cada capítulo, toma notas en los márgenes del libro o lleva un diario por separado. Escribe preguntas, marca las citas bíblicas y haz una lista de los temas que deseas investigar. Estas notas te ayudarán a profundizar aun más en el material.
- Después de leer cada capítulo, sigue esta guía para encontrar preguntas para reflexionar, actividades de estudio ampliadas y consignas de oración.
- Por último, piensa en la posibilidad de compartir tus pensamientos y reflexiones con un grupo pequeño. Nada se compara con el animado debate y las reflexiones sin par que surgen de estudiar un libro como *Semillas de conflicto* con otras personas. Elije a alguien como líder del grupo para que mantenga vivo el debate, incluya a todos los que desean hablar y mantenga un ojo en el reloj para comenzar y terminar a tiempo. Todos los miembros del grupo deben traer el libro con sus notas marginales o su diario y llegar a los encuentros preparados y con la tarea para el hogar hecha.

Para conocer otras reflexiones sobre los temas presentados en este libro, visítanos en http://www.desdeelcorazon.org/

# Capítulo 1

**La decisión de un hombre: Abraham**

1. Prepara una lista de las decisiones importantes que las personas deben tomar en la vida. Identifica una de estas en tu propia vida y analiza cómo llegaste a la decisión definitiva. Si ya pasó suficiente tiempo como para que la respuesta sea evidente, ¿dirías que tomaste una buena o una mala decisión? ¿Qué cambiarías de ese proceso?

2. Esperar a Dios y a que se cumpla su tiempo es difícil. Describe un momento de tu vida en el que te resultó difícil esperar la guía de Dios. Lee Salmos 27.14, Isaías 30.18 e Isaías 64.4 y debate con el grupo en qué sentido podrían ser útiles estos versículos a la hora de tomar decisiones en el futuro.

3. Si Dios te pide que esperes en una situación en particular, ¿significa eso que no debes hacer nada? ¿Qué considerarías hacer mientras esperas? ¿Qué *no* deberías hacer mientras esperas?

4. ¿Qué dice este capítulo sobre el poder de la influencia de un esposo o esposa sobre su cónyuge? Si estás casado, ¿qué significa esto con respecto a la influencia que tienes en el otro? ¿Cómo respondes a la influencia de tu cónyuge?

5. Isaac —y no Ismael— fue el «hijo de la promesa» dado a Abraham y Sara (Génesis 17.21). ¿Qué te hace pensar esto en cuanto a la justicia de Dios y a las consecuencias de nuestros pecados?

6. La palabra *Ismael* significa «Dios oye» (Génesis 16.11). ¿Escuchó Dios tus plegarias en tiempo de necesidad o desesperación? Recuerda algún momento en que Dios haya respondido tus oraciones, rememora algunos de los detalles y haz una plegaria de acción de gracias, ya sea en voz alta o por escrito.

7. ¿Qué es lo que más te preocupa de lo que sucede en Medio Oriente en la actualidad? Pasa un momento en oración y pídele a Dios que lleve paz, gracia y su evangelio a esa región atribulada.

# Capítulo 2

**Heredad perpetua: La Tierra Santa**

1. Si nunca visitaste Israel, o incluso si lo hiciste, visita www.virtualworldproject.org. Haz clic en los diferentes lugares de Jerusalén —Ein Gedi, Masada, Capernaum, Bethsaida, y Caesarea— y disfruta de fotografías panorámicas de buena calidad de la Tierra Santa.

2. Cuando Dios le pidió a Abraham que se marchara de Ur (Génesis 12.1), le dijo que diera un gran paso de fe. Describe algún momento de tu vida en el que Dios te haya pedido que dieras un paso de fe. ¿Cómo respondiste?

3. Antes de leer este capítulo, ¿qué sabías acerca de la historia antigua de la Tierra Santa? ¿Qué perspectivas nuevas adquiriste?

4. Después de leer este capítulo sobre las promesas de Dios relacionadas con la tierra, ¿en qué sentido será diferente tu visión de las noticias sobre el conflicto por ese territorio?

5. La fundación del moderno Estado de Israel (14 de mayo de 1948) es un fascinante capítulo de la historia. Durante tu lectura de este capítulo, ¿dónde viste la mano de Dios?

6. En tiempos modernos, Dios protegió milagrosamente a Israel una y otra vez de los ataques de los ejércitos árabes y musulmanes. ¿Qué fue lo que más te sorprendió de los relatos sobre la guerra de 1948 y la Guerra de los Seis Días?

7. El pacto que Dios hizo con Abraham con respecto a sus herederos y la tierra fue un pacto perpetuo. ¿Qué otras promesas o pactos perpetuos hay en la Biblia? Para ver algunos ejemplos, lee Génesis 9.12-16; Isaías 9.6-7; Isaías 45.17; Juan 6.47 y Gálatas 3.13-14, 29.

8. Tómate un momento y ora para que los judíos que viven en Israel tengan la protección de Dios. Ora por los árabes musulmanes, que sienten una comprensible amargura por esa tierra; ruega sobre todo para que puedan reconocer a Jesucristo como el Mesías.

# Capítulo 3

**Dos mujeres que hicieron historia: Sara y Agar**

1. En las antiguas culturas del Cercano Oriente, la infertilidad se consideraba una señal del juicio divino, del mismo modo que tener muchos hijos se veía como una bendición de Dios. ¿Tenemos «signos» de bendición y juicio de Dios como estos en nuestra cultura?

2. «Dios ayuda a quienes se ayudan a sí mismos» es una famosa cita que con frecuencia se cree que pertenece a la Biblia, aunque no es así. ¿Se te ocurre alguna otra frase hecha o dicho que parezca salido de las páginas de la Biblia, pero que en realidad no esté allí?

3. Sara debió forzar su fe para confiar en Dios. ¿Hubo algún momento en tu vida en el que tuvieras que confiar en Dios en medio de una situación aparentemente imposible? Describe lo que pensaste y lo que sentiste a medida que crecía tu fe; o, tal vez, tu temor. ¿Te ayudó algún fragmento específico de la Biblia durante esa travesía, como Proverbios 3.5-6?

4. ¿Por qué solemos tener que esforzarnos para creer las promesas de Dios? ¿Qué es lo que nos impide creerlas?

5. Génesis 16.2 dice: «Y atendió Abram al ruego de Sarai». Cuando necesitas consejos para tu vida, ¿a quién consultas o adónde recurres? ¿Tienes consejeros de confianza que te ayudaron a tomar decisiones en el pasado? Lee los siguientes versículos de la Biblia:

   Job 12.13
   Salmo 1.1-3
   Salmo 119.24
   Proverbios 12.15

Proverbios 15.22

Romanos 8.26

Santiago 1.5

6. Toma nota de las teofanías del Antiguo Testamento identificadas en este capítulo. ¿En qué sentido podrían cambiar la manera en que ves a Jesús?

7. Pese a que el pacto que Dios hizo con Abraham se cumpliría a través de Isaac, Dios igualmente protegió y bendijo a Ismael y Agar (Génesis 21.17-19). ¿A qué crees que se debió eso?

8. Si eres esposa o madre, dedica un momento a orar para pedirle a Dios que opere poderosamente en tu vida de modo que puedas ser una buena influencia moral y espiritual para tu esposo y tus hijos.

# Capítulo 4

**Rivalidad entre hermanos: Isaac e Ismael**

1. La rivalidad fraternal entre Ismael e Isaac se debió en parte al orden en que nacieron: primero llegó Ismael y luego Isaac. Hay investigaciones que demuestran que el orden de nacimiento puede generar choques entre los niños. ¿Cuál es tu orden con respecto a tus hermanos? ¿En qué sentidos crees que afectó esto tu niñez?, ¿y tu adultez?

2. Ponte por un momento en el lugar del joven Ismael de dieciséis años. Siendo adolescente, ¿cómo habrías lidiado con un rechazo como el que sufrió él?

3. ¿Cuál es la reflexión de este capítulo que más te ayuda a entender el conflicto actual en Medio Oriente?

4. La intención original de Dios en lo que al matrimonio respecta fue «una mujer, un hombre» (Génesis 2.24; Mateo 19.3-6). Desafortunadamente, este es un modelo cada vez menos común en la sociedad moderna. En tu opinión, ¿cuáles son los factores detrás del aumento de los divorcios, los matrimonios entre personas del mismo sexo y el concubinato?

5. Dios mantuvo la promesa que le había hecho a Abraham y Sara con respecto a Isaac.

¿En qué forma mantuvo Dios una promesa bíblica específica en tu vida? Lee las siguientes promesas mencionadas en la Palabra de Dios:

   Josué 1.5
   Salmo 1.1-6
   Proverbios 3.5-6
   Mateo 7.7-8

Juan 14.15-18

Juan 14.27

Romanos 8.35, 37-39

1 Corintios 10.13

6. Lucas 1.37 afirma que nada hay imposible para Dios. Reflexiona sobre esta verdad y analiza cómo puede cambiar tu vida de oración. ¿En qué sentidos podría cambiar también tu vida cotidiana?

7. Vuelve a leer Génesis 22.15-18, donde Dios le pide a Abraham que sacrifique a Isaac. No podemos imaginarnos cometer semejante acto físico con nuestras manos, pero consideramos a Isaac un símbolo de aquello que más valoramos. ¿Qué crees que Dios te está pidiendo que sacrifiques o que le entregues?

8. Piensa si en tu familia, tal vez con tus padres o hermanos, hay alguna cuestión pendiente que necesite solución. Dedica unos momentos a orar y pídele a Dios que te perdone si fuiste tú el equivocado. Eleva una plegaria por la reconciliación de tu familia. ¿Necesitas ponerte en contacto con tus parientes para resolver las cosas? Si es así, hazlo pronto.

# Capítulo 5

**¿Quién es el preferido?: Isaac y Rebeca; Esaú y Jacob**

1. ¿Alguna vez estuviste en cualquiera de los dos extremos del favoritismo? ¿Cómo te sentiste? Lee Romanos 2.11, 1 Timoteo 5.21 y Santiago 2.1-9 y debate con tus compañeros la visión de Dios sobre el favoritismo.

2. Vuelve a leer la historia sobre el descubrimiento de Rebeca, la futura esposa de Isaac, por parte del sirviente de este (Génesis 24). ¿En qué sentido puede servir de aliento y ejemplo para tu vida de oración? ¿Alguna vez te pasó algo como esto?

3. Desde el comienzo del embarazo de Rebeca, Dios previó el futuro de los dos niños (Génesis 25.23). ¿Crees que Dios también vio tu futuro? Reflexiona en Salmo 139.13-16.

4. Tanto a Esaú («velludo») como a Jacob («engañador») se les pusieron nombres que los describían muy bien. Lo mismo sucedió con muchos otros personajes bíblicos como Adán («tierra» u «hombre», Génesis 2.7); Eva («viviente», Génesis 3.20); Abraham («padre de muchedumbre de gentes», Génesis 17.5); Isaac («risa», Génesis 17.19) y Jesús («Salvador», Mateo 1.21). ¿Cuál es la historia o la etimología de tu nombre? ¿Tuviste algún sobrenombre en tu niñez?

5. Jacob y Rebeca urdieron un plan para timar a Esaú y engañar a Isaac (Génesis 27.1-29). Describe una situación en la que te engañaron o sufriste una injusticia. ¿Cómo te sentiste? ¿Cómo manejaste la situación? Analiza la oración de Jesús en Mateo 6.12-15 para adquirir entendimiento sobre cómo tratar con las personas que te hacen daño.

6. Cuando Jacob se hizo pasar por Esaú, le mintió a su padre, Isaac, pero no lo hizo una sola vez, sino cuatro (Génesis 27.18-24).

¿Qué sucede cuando introducimos mentiras en una situación? ¿Cómo enfrentamos la tentación de manipular situaciones difíciles o que no son tal como quisiéramos? Analiza la sabiduría de Éxodo 20.16, Levítico 19.11 y Colosenses 3.9.

7. Si eres padre y tus hijos aún viven en casa, dedica un momento a orar por ellos. Pídele a Dios que te muestre cómo ayudarlos a descubrir y a cumplir la voluntad de Dios para sus vidas, antes que lo que tú quieres para ellos.

# Capítulo 6

**Cosecharás tu siembra: Jacob y el nacimiento de Israel**

1. Pese a todos sus defectos y a su problemático pasado, Dios decidió bendecir a Jacob. Si analizas tu pasado y tus propios defectos, ¿en qué sentido te da aliento lo que Dios hizo con Jacob?

2. La culpa, tal como se menciona en este capítulo, puede ser un «pegote persistente e indisoluble para el alma». Estudia estos versículos sobre la culpa y el perdón: Mateo 26.27-28; Efesios 1.7-8; Colosenses 1.13-14; Hebreos 10.19-22 y 1 Juan 1.9. ¿Qué verdades encuentras en ellos? ¿Cómo podrían aplicarse en tu propia vida?

3. En Génesis 28.12-15, se menciona un sueño extraordinario de Jacob. Es más, se hace referencia a diferentes sueños en todo el libro de Génesis (por ejemplo, en Génesis 20.3; 31.10-13, 24; 37.5-11 y 40.4-19) y en el resto de la Biblia (por ejemplo: Jueces 7.13; 1 Reyes 3.5; Daniel 2.1-49; Joel 2.28; Mateo 1.20; Mateo 2.12-22 y Hechos 16.9-10). ¿Alguna vez tuviste un sueño significativo para tu futuro?

4. Dios le hace una gran promesa a Jacob en Génesis 28.15: «He aquí, yo estoy contigo, y te guardaré por dondequiera que fueres». Analiza los versículos siguientes y reflexiona sobre la promesa que Dios te hace a ti: Deuteronomio 31.6-8; Salmos 94.14; Mateo 28.20 y Juan 14.16-17.

5. Dios utilizó una lección dolorosa para modelar el carácter de Jacob. Piensa en algún momento de tu vida en el que Dios haya usado una lección dolorosa para modelarte a ti. Como referencia, lee Génesis 50.19-20 y Romanos 8.28.

6. En Génesis 32.24-32, en una situación descrita como la «oscura noche del alma», Jacob lucha con Dios. ¿Atravesaste algo parecido a una «oscura noche del alma»? Si lo hiciste, ¿cómo cambió tu vida después de ese suceso?

7. ¿Qué entendimiento te aportó este capítulo con respecto a Cisjordania, a Jordania y al conflicto en el Medio Oriente? Dedica un momento a orar por los líderes de los países del Medio Oriente.

# CAPÍTULO 7

**Una restauración milagrosa: El Estado de Israel y las naciones árabes vecinas**

1. Tómate unos momentos y ojea los titulares de tu canal de noticias, periódico o sitio web informativo favorito. ¿Cuántos de los principales acontecimientos del día incluyen a Israel y al Medio Oriente? ¿Cómo crees que pueden resolverse los problemas en esa parte del mundo?

2. En este capítulo, aprendimos sobre varios reinos antiguos y sus equivalentes modernos. ¿En qué sentido te ayuda esto a comprender mejor a estas naciones actuales? ¿Por cuánto tiempo crees que Estados Unidos será la nación más poderosa del mundo? ¿Qué nación ocupará el lugar de Estados Unidos en esa función? Toma Proverbios 14.34 como punto de referencia.

3. Quizá te hayas sorprendido al enterarte de que la celebración de la Eucaristía (la Santa Cena) se origina a partir de la celebración judía de la Pascua. Reflexiona sobre ambas celebraciones por un momento (Éxodo 12.1-30 y Lucas 22.7-23) y piensa en sus similitudes y diferencias.

4. En este capítulo, leímos la historia de Jonás, a quien Dios envió en una misión a exponer su mensaje a un pueblo pagano. Tómate unos minutos para leer esta asombrosa historia en el libro de Jonás en el Antiguo Testamento. ¿Te identificas con algún momento de la vida de Jonás?

5. En el libro de Jeremías, Dios llama tres veces «mi siervo» al rey pagano Nabucodonosor (25.9; 27.6 y 43.10). ¿Te parece extraño que Dios utilizara a un rey pagano para castigar a su propio pueblo?

6. La historia de los compañeros de Daniel que desafían al rey Nabucodonosor es muy conocida (Daniel 3). ¿Tuviste alguna situación de «fe bajo presión» en la que te viste desafiado a defender tus creencias? Si tu respuesta es afirmativa, describe qué sucedió y piensa en cómo operó Dios en esa situación.

7. Jeremías 29.11-13 lleva siglos dándoles esperanzas y aliento a los creyentes. Lee esos versículos y reflexiona sobre la forma en que la promesa que Dios le hizo al pueblo de Israel también puede ser un aliento para ti.

8. A la luz del texto en Jeremías 29.14, dedica un momento a orar con la frase clave del Padrenuestro en Mateo 6.10, con la certeza de que todo esto es una preparación para la Segunda Venida de Jesucristo: «Venga tu reino. Hágase tu voluntad, como en el cielo, así también en la tierra».

# CAPÍTULO 8

**La mayor amenaza que enfrenta Israel hoy: Irán**

1. Toma en cuenta la crisis actual en el Medio Oriente y piensa, ¿te sorprendió leer que Persia tuvo en su momento una buena disposición con Israel? Lee Génesis 12.3 y Éxodo 3.21; 11.3 y 12.36. ¿En qué sentidos dirías que Dios tuvo una «buena disposición» contigo?

2. Uno de los atributos exclusivos de la Biblia es la asombrosa precisión de sus profecías. La profecía de Isaías a Ciro (Isaías 44.28) es solo un ejemplo de esto. Analiza estas otras profecías y observa el poder predictivo de la Biblia: Miqueas 5.1-2 (sobre la ciudad de nacimiento del Mesías); Jeremías 31.15 (sobre la matanza de los niños de Belén); Isaías 35.5-6 (sobre los milagros que haría el Mesías); Zacarías 9.9 (sobre el Domingo de Ramos); Isaías 53.1-3 (sobre el rechazo al Mesías); Salmo 22 (sobre la crucifixión del Mesías) y Salmo 16.8-11 (sobre la resurrección del Mesías).

3. Dios usó la fe de Daniel para hacer que los reyes Nabucodonosor y Darío buscaran a Dios. ¿A quién usó Dios en tu vida para que te volvieras a Él?

4. Lee el libro de Ester en el Antiguo Testamento. Observa con cuánta frecuencia tuvieron que depender de Dios los protagonistas de la historia, Ester y Mardoqueo, pese a lo imposible que parecía su situación.

5. Amán, Hitler y ahora Ahmadinejad buscaron destruir al pueblo judío, pero Dios sigue manteniendo a su pueblo a salvo y dándole su bendición. ¿A qué crees que se debe eso?

6. ¿Qué crees que tiene en mente Dios para ti «para esta hora» (Ester 4.14)? ¿Piensas que tienes una misión divina? Lee Mateo 22.36-40; Mateo 28.18-20 y Corintios 5.16-21 para reflexionar.

7. ¿Qué puedes aprender de los ejemplos de Ester y Mardoqueo en cuanto a buscar el corazón de Dios? Lee Ester 4.1-3 y 4.16-17.

8. Tómate un momento para agradecer a Dios por estar a cargo de la historia de la humanidad. Ora para que las naciones se vuelvan a Él y se arrepientan de sus conductas impías. Utiliza Salmo 67 como guía.

# CAPÍTULO 9

**La perspectiva judía**

1. El monte Moriah en Jerusalén —sitio del Monte del Templo y de la Cúpula de la Roca—, es un lugar sagrado tanto para judíos como para musulmanes. Algunos judíos están decididos a construir el tercer templo en algún lugar cercano a la Cúpula de la Roca (o, incluso, en el mismo sitio donde se encuentra esta). ¿Cómo crees que se resolverá este problema inmobiliario, si es que se resuelve alguna vez?

2. ¿En qué sentido pueden los antecedentes judíos dar forma a la doctrina y al culto cristiano y mejorarlos? Estudia los siguientes versículos en el libro de Hebreos en busca de inspiración: 4.14-16; 9.11-28; 10.1-25; 13.11-15.

3. Revisa la lista de los Diez Mandamientos en este capítulo o en Éxodo 20.1-17. ¿Es posible cumplir con esos mandamientos en nuestra sociedad actual? ¿Cuál es el mandamiento que más te cuesta cumplir?

4. Los judíos fueron bendecidos por sus ancestros (Abraham, Isaac y Jacob) con una rica historia de fe. ¿Cuál es la historia de fe en tu familia (si es que tienen una)? Analiza la historia de fe que estás creando en este momento para legarles a quienes vendrán después de ti.

5. Imagina por un momento que eres un judío que vive en la Jerusalén del siglo primero. ¿Cómo crees que habrías respondido a las enseñanzas y al ministerio de Jesús? ¿Con escepticismo, duda, ira o fe?

6. Jesús es el centro del cristianismo, pero también es una figura central para la «concreción» de la fe judía. ¿Por qué crees que fueron tan pocos los judíos que creyeron en Jesús (Romanos 11)?

Estudia el llamamiento que el apóstol Pedro les hizo a los judíos a que creyeran en Jesús como Mesías en Hechos 2.14-41.

7. ¿Cómo crees que ven a Jesús los no creyentes de tu comunidad? Lee Hechos 4.12 y dedica un momento a orar para que los no creyentes confíen en Jesús como su Salvador y Mesías.

# CAPÍTULO 10

**La perspectiva islámica**

1. ¿Qué te aportó este capítulo en cuanto a los primeros años de Mahoma, su visión inicial del islamismo y lo que sucedió con este más adelante?

2. Revisa las citas del Corán sobre los judíos mencionadas en este capítulo (Sura 5.82 y Sura 98.6). ¿En qué sentido te ayudan estos pasajes a comprender mejor el conflicto entre judíos y musulmanes?

3. El islamismo se expandió rápidamente por Medio Oriente, África del Norte y partes de Europa entre 622 y 1492 A.D. ¿Qué te sorprendió más de la expansión del islamismo al leer esta historia?

4. En este capítulo, leímos sobre el deseo del islamismo de que todo el mundo se someta a Alá. ¿En qué se parecen y en qué difieren las visiones islámica y cristiana en cuanto a la «evangelización» y la conversión de los no creyentes? Lee Juan 1.10-13; 1 Corintios 13.4-8; 2 Corintios 5.16-21 y 1 Pedro 3.15.

5. ¿Cuáles son las diferencias fundamentales entre el islamismo, el cristianismo y el judaísmo? Para obtener más información, visita la página electrónica de North American Mission Board [Junta Misionera de Norteamérica], www.4truth.net, y entra en «World religions» [religiones mundiales].

6. Reflexiona por un momento en las milagrosas victorias militares de Israel en 1948, 1956, 1967 y 1973. ¿Por qué crees que Dios sigue bendiciendo a Israel, pese a que la mayor parte de la población de ese país es laica y ha rechazado a Jesús como verdadero Mesías? Lee el análisis del apóstol Pablo sobre Israel en Romanos 9-11 para enriquecer tu entendimiento.

7. Prácticamente todos los días leemos acerca del conflicto entre musulmanes chiítas y sunitas en el Medio Oriente. El cristianismo también debió luchar con las divisiones en su seno a lo largo de los siglos. En tu opinión, ¿qué divisiones del cristianismo fueron necesarias? ¿Cuáles te parecen innecesarias?

8. ¿En qué sentidos se cumplió la profecía de Génesis 16.12 en el mundo hasta nuestros días? ¿Cómo te guía esto para orar a fin de que los herederos de Ismael abracen la fe en Cristo?

# CAPÍTULO 11

**La perspectiva cristiana**

1. ¿Cuánto sabes de la vida, las enseñanzas y el ministerio de Jesús? Tómate un momento para estudiar estos sucesos clave de la vida de Jesús:

    Los sucesos en torno a su nacimiento (Mateo 1.18-2.23)

    Los milagros que realizó (Mateo 4.23-24; 8.1-17; 8.23-9.12; 9.18-34)

    Sus sermones más largos (Mateo 5-7; 10-13; 18-20; 23-25)

    Los nombres de sus doce discípulos (Mateo 10.2-4)

    Los grupos que se opusieron a Jesús (Mateo 12.38; 15.1-2; 16.1; 21.15; 21.45)

    Los sucesos durante su última semana de vida (Mateo 21-26)

    Los acontecimientos del día de su crucifixión (Mateo 27)

    Los acontecimientos del día de su resurrección (Mateo 28.1-15)

    Los sucesos posteriores a su resurrección (Mateo 28.16-20)

2. ¿Cómo te hizo sentir la descripción de la actual Belén a la luz de lo que sucedió en esa ciudad después del nacimiento de Jesús? (Mateo 2.13-23).

3. Lee Apocalipsis 12.1-9 y revisa el análisis de esos versículos en el capítulo. Si alguna vez te enseñaron algo sobre estos versículos, ¿qué fue eso? ¿Cómo interpretas este pasaje?

4. Ya sea en grupo o individualmente, ora por la paz de Jerusalén (Salmo 122.6-9); renueva tu compromiso de amar a Jesús y seguir sus enseñanzas —o comprométete por primera vez— (Mateo 22.37-39) y ora por el inminente regreso de Jesús (Apocalipsis 22.20-21).

# Algunas conclusiones

**Tres preguntas urgentes**

1. Responde las preguntas planteadas en este capítulo con tus propias palabras: ¿Tiene Dios favoritismos? ¿Es Dios injusto? ¿Es culpable Dios del conflicto en Medio Oriente?

2. Ahora que has leído este libro, ¿cómo te sientes en cuanto a la situación en Medio Oriente? ¿Más optimista? ¿Menos optimista? ¿Cuáles fueron las grandes enseñanzas que aprendiste?

3. Considera agregar esta oración a tu lista diaria de peticiones: judíos, árabes y cristianos podrían encontrar juntos la paz que solo se encuentra en Jesús.

# Notas

## Capítulo 1: La decisión de un hombre

1. Zig Ziglar, *Confessions of a Happy Christian* (Nueva York: Pelican, 1980), p. 21.
2. Gene Veith, "What If the Muslims Won?", *Tabletalk*, 1 julio 2008, http://www.ligonier.org/learn/articles/what-if-muslims-won/ (acceso 16 febrero 2010).
3. *William Lane Craig, The Only Wise God* (Eugene, OR: Wipf and Stock, 1999), p. 127.
4. David Van Biema, "The Legacy of Abraham: Muslims, Christians and Jews All Claim Him as Their Father", *Time*, 30 septiembre 2002, http://www.time.com/time/magazine/article/0,9171,1003355,00.html (acceso 16 febrero 2010).
5. Si bien algunos de los sucesos bíblicos mencionados ocurrieron cuando todavía se llamaban Abram y Sarai (es decir, antes de que Dios les cambiara el nombre), en este libro me refiero a ellos únicamente como Abraham y Sara para conservar la coherencia.
6. Edward E. Hindson y Woodrow Michael Kroll, (ed.), *Liberty Commentary Bible* (Nashville, TN: Thomas Nelson, 1994), p. 50.
7. Ernest Jones, *The Life and Work of Sigmund Freud* (Nueva York: Basic Books, 1961), p. 377.
8. Kenneth A. Matthews, (ed.), *NAC Commentary*, vol. 1b (Nashville, TN: B&H Publishers, 1996), p. 363.
9. *World Book Encyclopedia*, entrada «Arabian Peninsula».
10. Henry Morris, *The Genesis Record* (Grand Rapids, MI: Baker House, 1976), p. 410.
11. Josefo, *Antiquities of the Jews*, libro 1, capítulo 12.4 [*Antigüedades de los judíos* (Terrassa, Barcelona: CLIE, 1986)].

## Capítulo 2: Heredad perpetua

1. R. Steven Notley y Anson F. Rainey, *The Sacred Bridge: Carta's Atlas of the Biblical World* (Jerusalén: Carta, 2005), p. 9.
2. Ibid.
3. *World Book Encyclopedia*, entrada «Balfour Declaration».
4. Donald Wagner, "Christians and Zion: British Stirrings", *Daily Star*, 9 octubre 2003 http://www.informationclearinghouse.info/article4959.htm (acceso 20 noviembre 2009).
5. Paul Johnson, *History of the Jews* (Nueva York, Harper Perennial, 1987), p. 428.
6. Ibid., pp. 427-28.
7. "Jewish and Non-Jewish Population of Palestine-Israel", The Jewish Virtual Library, http://www.jewishvirtuallibrary.org/jsource/Society_&_Culture/israel_palestine_pop.html (acceso 16 febrero 2010).
8. Asamblea General de las Naciones Unidas, Segunda sesión, registros oficiales, *Resolution 181 (II). Future government of Palestine*, 29 noviembre 1947, http://unispal.un.org/unispal.nsf/0/7F0AF2BD897689B785256C330061D253, (acceso 25 enero 2010).
9. Para conocer más detalles sobre esta lucha interna, consultar David Jeremiah, *¿Qué le pasa al mundo?* (Miami: Unilit, 2009).
10. David Jeremiah, *What in the World Is Going On?* (Nashville: Thomas Nelson, 2008), p. 21 [*¿Qué le pasa al mundo?* (Miami: Unilit, 2009)].
11. Frase comúnmente atribuida a Abdul Nasser.
12. Jeremiah, *What in the World Is Going On?*, p. 20.
13. Agencia Central de Inteligencia de Estados Unidos, "The Consequences of the Partition of Palestine", 28 noviembre 1947, http://www.foia.cia.gov/docs/DOC_0000256628/DOC_0000256628.pdf (acceso 27 enero 2011).
14. Carta Nacional Palestina, 17 julio 1968, http://avalon.law.yale.edu/20th_century/plocov.asp#art1 (acceso 16 febrero 2010).
15. Ibid.
16. Arnold Fruchtenbaum, correo electrónico al autor, 24 noviembre 2008.
17. Notley y Rainey, *The Sacred Bridge*, p. 34.

## Capítulo 3: Dos mujeres que hicieron historia

1. Benjamin Franklin, *Poor Richard's Almanac* (Nueva York: The Century Co., 1898), p. 42.
2. Tom Kelly y Ben Clerkin, "The British Woman Who Became the World's Oldest Natural Mother at 59", *Mail Online*, http://www.dailymail.co.uk/news/article-476452/The-British-woman-worlds-oldest-naturalmother-59.html (acceso 16 febrero 2010).

3. David Zinman, "A Century of Strom Thurmond", *Atlanta Journal Constitution*, 2 diciembre 2002.
4. Declaración de Independencia de Estados Unidos de Norteamérica.

## Capítulo 4: Rivalidad entre hermanos

1. Tom Elliff, "Kingdom Families... The Importance of Deciding Now!", *SBC Life*, junio/julio 2004.
2. Edward E. Hindson y Woodrow Michael Kroll, (ed)., *Liberty Commentary Bible* (Nashville: Thomas Nelson, 1994), p. 68.
3. Gerhard Von Rad, *Genesis: A Commentary* (Filadelfia: Westminster Press, 1961), p. 232.

## Capítulo 5: ¿Quién es el preferido?

1. William Manchester, *The American Caesar* (Boston: Little, Brown and Company, 1978), p. 4.

## Capítulo 6: Cosecharás tu siembra

1. Trent C. Butler, ed., *Holman Bible Dictionary* (Nashville: Holman Bible Publishers, 1991), entrada "Israel", p. 722 [*Diccionario bíblico ilustrado Holman* (B&H Español, 2008)].
2. Catherine Herridge, "Obama's Apparent Bow to Saudi King Outrages Conservatives", Fox News, 10 abril 2009, http://www.foxnews.com/politics/2009/04/10/obamas-apparent-bow-saudi-king-outrages-conservatives/ (acceso 16 febrero 2010).
3. Thomas V. Brisco, *Holman Bible Atlas* (Nashville: B&H Publishing Group, 1998), p. 73.
4. Shimon Apisdorf, *Judaism in a Nutshell: Israel* (Rochester, NY: Leviathan, 2002), p. 57.
5. Ibid.

## Capítulo 7: Una restauración milagrosa

1. Trent C. Butler, ed., *Holman Bible Dictionary* (Nashville: Holman Bible Publishers, 1991), entrada «Hittites and Hevites», pp. 655, 658 [*Diccionario bíblico ilustrado Holman* (B&H Español, 2008)].
2. Ibid., entrada «Egypt», p. 402.
3. Ibid., entrada «Assyria», p. 124.

### Capítulo 8: La mayor amenaza que enfrenta Israel hoy

1. Ewan MacAskill y Chris McGreal, "Israel Should Be Wiped Off Map, Says Iran's President", *Guardian*, 27 octubre 2005, http://www.guardian.co.uk/world/2005/oct/27/israel.iran (acceso 17 febrero 2010).
2. Butler, *Holman Bible Dictionary*, entrada «Persia», pp. 1097-98.
3. Josefo, *Antiquities of the Jews*, libro 11, capítulo 1.1-1.2.
4. Butler, *Holman Bible Dictionary*, entrada «Cyrus», p. 328.
5. Johnson, *History of the Jews*, p. 85.
6. W. D. Davies, y Louis Finkelstein, ed., *The Cambridge History of Judaism*, vol. 1 (Cambridge, Reino Unido: Cambridge UP, 1984), pp. 280-83.

### Capítulo 9: La perspectiva judía

1. Cuando el monje católico Martín Lutero denunció la corrupción en la Iglesia, hizo un llamamiento a que esta recurriera a la Biblia como única autoridad (*sola scriptura*). Dado que los libros apócrifos nunca se consideraron parte de las Escrituras, no están incluidos en la Biblia que utilizan los protestantes, la que incluye únicamente el Antiguo Testamento y el Nuevo Testamento.
2. Uriya Shavit, "Jews, Muslims and the Nobel Prize", 13 agosto 2009, http://www.foonews.info/it-politica-internazionale/12399738-jews-muslims-and-the-nobel-prize.html (acceso 17 febrero 2010).

### Capítulo 10: La perspectiva islámica

1. Emir Fethi Caner y Ergun Mehmet Caner, *Unveiling Islam: An Insider's Look at Muslim Life and Beliefs* (Grand Rapids: Kregel, 2009), p. 83.
2. Ibid., p. 39.
3. Ibid., pp. 39-40.
4. Ibid., p. 40.
5. Karen Armstrong, *Islam, a Short History* (Nueva York: Modern Library, 2000), p. 22.
6. Efraim Karsh, *Islamic Imperialism* (New Haven, CT: Yale UP, 2007), p. 11.
7. Caner y Caner, *Unveiling Islam*, p. 40.
8. Ibid., p. 46.
9. Karsh, *Islamic Imperialism*, p. 13.
10. Caner y Caner, *Unveiling Islam*, p. 46.
11. Karsh, *Islamic Imperialism*, p. 15.
12. Ibid.
13. Ibid., p. 17.
14. Ibid., p. 222.
15. Ibid., p. 231.

16. Bernard Lewis, *What Went Wrong? The Clash Between Islam and Modernity in the Middle East* (Nueva York: Harper Perennial, 2002), p. 4.

17. Christopher Caldwell, *Reflections on the Revolution in Europe: Immigration, Islam and the West* (Nueva York: Doubleday, 2009), pp. 11-19 [*La revolución europea: Cómo el islam ha cambiado el viejo continente* (Barcelona: Debate, 2010)].

18. Muammar Gaddafi, *Middle East Media Research Institute*, "Special Dispatch #1152", Al-Jazeera, 10 abril 2006.

19. Lewis, *What Went Wrong?*, p. 4.

20. Caner y Caner, *Unveiling Islam*, p. 72.

21. Lewis, *What Went Wrong?*, p. 6.

22. Caner y Caner, *Unveiling Islam*, p. 74.

23. Karen Armstrong, "Islam's Awakening", *U.S. News and World Report*, Special Edition 2009, p. 62.

24. Paul Johnson, *Churchill* (Nueva York: Viking, 2009), p. 60.

25. Ibid.

26. Ibid., p. 61.

27. Ibid., p. 63.

28. Shimon Apisdorf, *Judaism in a Nutshell: Israel* (Rochester, NY: Leviathan, 2002), p. 67.

29. Ibid.

30. Ibid., p. 70.

31. The Pew Forum, "Mapping the Global Muslim Population", 8 octubre 2009, http://pewresearch.org/pubs/1370/mapping-size-distributionworlds-muslim-population (acceso 17 febrero 2010).

## Capítulo 11: La perspectiva cristiana

1. Daniel Schwammenthal, "The Forgotten Palestinian Refugees", *Wall Street Journal*, 28 diciembre 2009, http://online.wsj.com/article/SB100014240527 4870430450457461002276596590.html (acceso 18 enero 2010).

## Algunas conclusiones: Tres preguntas urgentes

1. Atribuido a Jim Deloach.

## Glosario

1. *Dictionary.com*, s.v. «Saudi Arabia» (*The American Heritage New Dictionary of Cultural Literacy*, 3a ed.), http://dictionary.reference.com/browse/saudi+arabia (acceso 10 febrero 2010).

2. *Encyclopedia.com*, s.v. «Arafat, Yasser» (*The Columbia Encyclopedia*, 6a ed.), http://www.encyclopedia.com (acceso 15 febrero 2010).

3. Trent C. Butler, *Holman Bible Dictionary*, s.v. «Assyria, History and Religion of», http://www.studylight.org/dic/hbd/view.cgi?number=T539 (acceso 10 febrero 2010).

4. The Jewish Virtual Library, «Jerusalem—The Old City», http://www.jewishvirtuallibrary.org/jsource/vie/Jerusalem2.html#Jewish (acceso 25 febrero 2010).

5. Butler, *Holman Bible Dictionary*, s.v. «Kadesh-barnea», http://www.studylight.org/dic/hbd/view.cgi?number=T3555 (acceso 10 febrero 2010).

6. *Dictionary.com*, s.v. «West Bank» (*The American Heritage Dictionary of the English Language*, 4a ed.), http://dictionary.reference.com/browse/west bank (acceso 11 febrero 2010).

7. Ibid., s.v. «Shiites» (*The American Heritage Dictionary of the English Language*, 4a ed.), http://dictionary.reference.com/browse/shiites (acceso 10 febrero 2010).

8. Butler, *Holman Bible Dictionary*, s.v. «David», http://www.studylight.org/dic/hbd/view.cgi?number=T1527 (acceso 10 febrero 2010).

9. *Dictionary.com*, s.v. «Qaddafi» (*The American Heritage Dictionary of the English Language*, 4a ed.), http://dictionary.reference.com/browse/qaddafi (acceso 10 febrero 2010).

10. Ibid., s.v. «Gulf of Aqaba» (*The American Heritage Dictionary of the English Language*, 4a ed.), http://dictionary.reference.com/browse/gulf of aqaba (acceso 17 febrero 2010).

11. Ibid., s.v. «Persian Gulf War» (*The American Heritage New Dictionary of Cultural Literacy*, 3a ed.), http://dictionary.reference.com/browse/persian gulf war (acceso 10 febrero 2010).

12. Ibid., s.v. «Havilah» (*Easton's 1897 Bible Dictionary*), http://dictionary.reference.com/browse/havilah (acceso 15 febrero 2010).

13. Butler, *Holman Bible Dictionary*, s.v. «Hebron», http://www.studylight.org/dic/hbd/view.cgi?number=T2668 (acceso 10 febrero 2010).

14. Ibid., s.v. «Herod», http://www.studylight.org/dic/hbd/view.cgi?number=T2741 (acceso 10 febrero 2010).

15. *Dictionary.com*, s.v. «Herzl» (*The American Heritage Dictionary of the English Language*, 4a ed.), http://dictionary.reference.com/browse/herzl (acceso 10 febrero 2010).

16. Butler, *Holman Bible Dictionary*, s.v. «Hittites and Hevites», http://www.studylight.org/dic/hbd/view.cgi?number=T2796 (acceso 15 febrero 2010).

17. *Dictionary.com*, s.v. «Ottoman empire» (*The American Heritage New Dictionary of Cultural Literacy*, 3a ed.), http://dictionary.reference.com/browse/ottoman%20empire (acceso 10 febrero 2010).

18. Butler, *Holman Bible Dictionary*, s.v. «Jacob», http://www.studylight.org/ dic/hbd/view.cgi?number=T3186 (acceso 15 febrero 2010).

19. *Encyclopedia.com*, s.v. «Khomeini, Ayatollah Ruhollah» (*The Columbia Encyclopedia*, 6a ed.), http://www.encyclopedia.com/topic/Ayatollah_ Ruhollah_Khomeini.aspx (acceso 15 febrero 2010).

20. *Dictionary.com*, s.v. «Jordan» (*The American Heritage Dictionary of the English Language*, 4a ed.), http://dictionary.reference.com/browse/jordan (acceso 15 febrero 2010).

21. Butler, *Holman Bible Dictionary*, s.v. «Joseph», http://www.studylight.org/ dic/hbd/view.cgi?number=T3493 (acceso 10 febrero 2010).

22. *Dictionary.com*, s.v. «Judaism» (*The American Heritage Dictionary of the English Language*, 4a ed.), http://dictionary.reference.com/browse/judaism (acceso 10 febrero 2010).

23. Ibid., s.v. «Kahn, Genghis» (*The American Heritage New Dictionary of Cultural Literacy*, 3a ed.), http://dictionary.reference.com/browse/genghis khan (acceso 10 febrero 2010).

24. Ibid., s.v. «Mecca» (*The American Heritage Dictionary of the English Language*, 4a ed.), http://dictionary.reference.com/browse/mecca (acceso 10 febrero 2010).

25. Butler, *Holman Bible Dictionary*, s.v. «Laban», http://www.studylight.org/ dic/hbd/view.cgi?number=T3723 (acceso 10 febrero 2010).

26. *Dictionary.com*, s.v. «Mao tse-Tung» (*The American Heritage New Dictionary of Cultural Literacy*, 3a ed.), http://dictionary.reference.com/ browse/mao tse-tung (acceso 10 febrero 2010).

27. Butler, *Holman Bible Dictionary*, s.v. «Mordecai», http://www.studylight. org/dic/hbd/view.cgi?number=T4394 (acceso 10 febrero 2010).

28. *Dictionary.com*, s.v. «Marxism» (*The American Heritage New Dictionary of Cultural Literacy*, 3a ed.), http://dictionary.reference.com/browse/marxism (acceso 10 febrero 2010).

29. Ibid., s.v. «Medina» (*The American Heritage Dictionary of the English Language*, 4a ed.), http://dictionary.reference.com/browse/medina (acceso 10 febrero 2010).

30. *Encyclopedia.com*, s.v. «Middle East» (*The Columbia Encyclopedia*, 6a ed.), http://www.encyclopedia.com/topic/Middle_East.aspx (acceso 15 febrero 2010).

31. Butler, *Holman Bible Dictionary*, s.v. «Moses», http://www.studylight.org/ dic/hbd/view.cgi?number=T4404 (acceso 10 febrero 2010).

32. *Sacred Destinations.com*, s.v. «Temple Mount, Jerusalem», http://www.sacred-destinations.com/israel/jerusalem-temple-mount (acceso 19 febrero 2010).

33. *Dictionary.com*, s.v. «Nasser» (*The American Heritage Dictionary of the English Language*, 4a ed.), http://dictionary.reference.com/browse/nasser (acceso 10 febrero 2010).

34. Ibid., s.v. «Nazism» (*The American Heritage Dictionary of the English Language*, 4a ed.), http://dictionary.reference.com/browse/nazism (acceso 10 febrero 2010).

35. Butler, *Holman Bible Dictionary*, s.v. «Paul», http://www.studylight.org/dic/hbd/view.cgi?number=T4860 (acceso 10 febrero 2010).

36. Ibid., s.v. «Paddan-aram», http://www.studylight.org/dic/hbd/view.cgi?number=T4775 (acceso 10 febrero 2010).

37. *Dictionary.com*, s.v. «Sinai» (*The American Heritage New Dictionary of Cultural Literacy*, 3a ed.), http://dictionary.reference.com/browse/sinai (acceso 10 febrero 2010).

38. Butler, *Holman Bible Dictionary*, s.v. «Pilate, Pontius», http://www.studylight.org/dic/hbd/view.cgi?number=T4991 (acceso 10 febrero 2010).

39. Ibid., s.v. «Euphrates and Tigris Rivers», http://www.studylight.org/dic/hbd/view.cgi?number=T1958 (acceso 10 febrero 2010).

40. Ibid., s.v. «Shur, Wilderness of», http://www.studylight.org/dic/hbd/view.cgi?number=T5868 (acceso 10 febrero 2010).

41. *Dictionary.com*, s.v. «Zionism» (*The American Heritage New Dictionary of Cultural Literacy*, 3a ed.), http://dictionary.reference.com/browse/zionism (acceso 10 febrero 2010).

42. Ibid., s.v. «Syria» (*The American Heritage Dictionary of the English Language*, 4a ed.), http://dictionary.reference.com/browse/syria (acceso 11 febrero 2010).

43. Ibid., s.v. «Stalin» (*The American Heritage Dictionary of the English Language*, 4a ed.), http://dictionary.reference.com/browse/stalin (acceso 10 febrero 2010).

44. Ibid., s.v. «Sunni» (*The American Heritage Dictionary of the English Language*, 4a ed.), http://dictionary.reference.com/browse/sunni (acceso 11 febrero 2010).

45. Ibid., s.v. «Transjordan» (*Random House Unabridged Dictionary*), http://dictionary.reference.com/browse/transjordan (acceso 10 febrero 2010).

# ACERCA DEL AUTOR

Bryant Wright es el único pastor en la historia de la Iglesia Bautista Johnson Ferry, en Marrieta, Georgia, que cuenta con una feligresía de 7,500 miembros. También es el fundador del proyecto mediático de apoyo religioso «Desde el corazón», que emite inspiradores mensajes de sesenta o treinta segundos de duración en cuatro idiomas, los que se escuchan en seis países, especialmente a través de estaciones de radio y televisión laicas. Además, Desde el corazón también ofrece un ministerio de enseñanza y mensajes devocionales diarios a través de la Internet. Wright se graduó en la Universidad de Carolina del Sur y cuenta con una maestría en Divinidad del Southern Baptist Theological Seminary (Seminario Teológico Bautista del Sur) y un doctorado honoris causa del Seminario SEFOVAN de Madrid, España. Bryant y su esposa tienen tres hijos adultos.

**http://www.desdeelcorazon.org/**

www.ingramcontent.com/pod-product-compliance
Ingram Content Group UK Ltd.
Pitfield, Milton Keynes, MK11 3LW, UK
UKHW020805120325
456141UK00004B/256